高职高专经管类专业系列教材

GAOZHI GAOZHUAN JINGGUAN LEI ZHUANYE XILIE JIAOCAI

KUAJING DIANSHANG SHIWU

跨境电商实务

主　编　殷秀梅　彭　奇

副主编　黄　颖　刘莎莎　李　敏

参　编　肖　佩　陈　晖　曾　卉　马亚琴　张　为

重庆大学出版社

图书在版编目(CIP)数据

跨境电商实务 / 殷秀梅,彭奇主编. -- 重庆:重庆大学出版社,2022.2
高职高专经管类专业系列教材
ISBN 978-7-5689-3028-4

Ⅰ.①跨… Ⅱ.①殷… ②彭… Ⅲ.①电子商务—商业经营—高等职业教育—教材 Ⅳ.①F713.365.2

中国版本图书馆 CIP 数据核字(2021)第 237306 号

跨境电商实务

主 编 殷秀梅 彭 奇
副主编 黄 颖 刘莎莎 李 敏
责任编辑:顾丽萍 版式设计:顾丽萍
责任校对:邹 忌 责任印制:张 策

＊

重庆大学出版社出版发行
出版人:饶帮华
社址:重庆市沙坪坝区大学城西路 21 号
邮编:401331
电话:(023)88617190 88617185(中小学)
传真:(023)88617186 88617166
网址:http://www.cqup.com.cn
邮箱:fxk@cqup.com.cn(营销中心)
全国新华书店经销
重庆长虹印务有限公司印刷

＊

开本:787mm×1092mm 1/16 印张:12 字数:287 千
2022 年 2 月第 1 版 2022 年 2 月第 1 次印刷
印数:1—3 000
ISBN 978-7-5689-3028-4 定价:35.00 元

在"一带一路"以及粤港澳大湾区建设的浪潮下,中国进出口贸易繁荣发展,一跃成为世界第一贸易大国,即使在新型冠状病毒肺炎疫情全球蔓延、贸易下行压力不断增大的背景下,中国克服了疫情影响,在2020年疫情很严重的一年也实现了出口贸易的正增长。其中,跨境电子商务(简称"跨境电商")在经济全球化过程中扮演了重要的角色,打破了传统国际采购订单线性价值链条,即商品从卖家到多级经销商,再到买家,构建了卖家和买家直接交易的电商平台。跨境电商的优势是资金风险小、利润高、回款快;客户需求个性化、多样化、响应快;大数据积累和沉淀能够带来新的商机。随着数字化的不断发展,电商行业又迎来了前所未有的发展机遇,在海外市场扩张、大众消费观变化、直播购物兴起等多种因素的助推之下,跨境电商市场吸引了国内外众多电商卖家的目光,国内企业更是纷纷布局进军跨境电商市场。2010—2020年跨境电商交易规模保持30%以上的增长。庞大的用户体量和无穷的电商机遇,对跨境电商人员的需求急剧增长,同时也对其综合素质提出了越来越高的要求。

本书主要面向职教本科院校、职教大专院校跨境电商专业、国际贸易专业、电子商务专业和商务语言类专业,以培养学生跨境电商数据分析、运营和成交能力为目标,同时有助于学生考取1+X"跨境电商B2B数据运营"技能等级证书。本书首先介绍了跨境电商的含义和发展以及目前主流的跨境电商交易平台,并针对后续操作过程中支付和物流的问题进行深入的讲解,这部分是对跨境电商人才基本知识的储备。接下来针对阿里巴巴国际站,从实操的角度出发,从商品发布、店铺运营、视觉营销和整体的管理优化4个方面进行了与实践相结合的讲解和分析,力图通过与真实操作高度匹配的项目化教材内容设计,提升学生的实操能力。

本书由湖南外国语职业学院殷秀梅、彭奇担任主编,黄颖、刘莎莎、李敏担任副主编,肖佩、陈晖、曾卉、马亚琴、张为参与编写。教材在编写过程中得到了东莞沣兆电子商务有限公司丁兆聪经理的大力支持和帮助,在此表示感谢。

通过本书的学习和训练,读者不仅能够掌握跨境电商运营所需要的理论知识,而且能够掌握跨境电商运营过程中需要具备的方法,具备跨境电商数据分析、运营和业务成交等职业所要求的技能与素养。

由于编者水平和经验有限,书中难免有欠妥和不足之处,恳请读者批评指正。

编　者
2021年6月

CONTENTS **目录**

模块一　走进跨境电商

项目一　选择跨境电商平台

任务一　跨境电商简介

【学习目标】
　　知识目标:掌握跨境电商的基本概念、业务流程;了解跨境电商的特点和分类。
　　能力目标:能够为公司转型做跨境电商提供决策建议。
　　思政目标:具备坚实的政治方向,强烈的社会责任感;培养"德技兼修"的社会主义跨境电商人才。

【工作情景】

　　长沙金冠进出口有限公司是一家综合性的股份制外贸进出口公司,主营电脑零件、手机配件等产品。随着跨境电商的发展,公司决定扩大业务规模,尝试从传统外贸业务向跨境电商业务延伸。公司组建了跨境电商业务部,郭茂作为新人加入了该部门,开始了自己的工作之旅。

一、跨境电商的概念和业务流程

(一)概念

　　跨境电子商务(Cross-border E-commerce),简称跨境电商,是指分属不同关境的交易主体,通过电子商务手段达成信息交流、商品交易、提供服务等国际商业活动,进行支付结算,并通过跨境物流送达商品完成交易的一种国际商业活动。

　　跨境电商将传统进出口贸易中的合同磋商、合同订立、合同履行等环节电子化,并通过跨境物流及异地仓储送达商品、完成交易。

(二)跨境电商业务流程

　　在交易流程中,跨境电商实现了信息流、产品流和资金流的统一,跨境电商业务流程如图 1-1-1 所示。

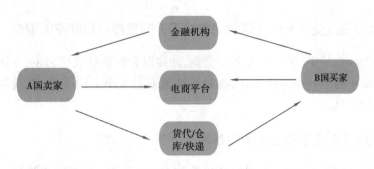

图 1-1-1 跨境电商业务流程

二、跨境电商的主要特点

跨境电商就是借助搜索引擎,在互联网上的国际贸易平台注册并获得免费或者收费服务,结识潜在交易伙伴,通过各种网上沟通工具达成交易意向,进行网上询盘、报盘和客户管理,最后获得订单,实现商品和货款交换的过程。在此过程中,买卖双方不用见面,便可进行各种商贸活动,实现消费者的网上购物、商户之间的网上交易和在线电子支付等商务活动。

跨境电商作为一种新型贸易方式,能够使分属不同国界或地区的交易主体,通过互联网、智能移动及其他相关信息平台,以 B2B、B2C 和 C2C 3 种主要模式实现企业或自然人与终端消费者之间达成交易、完成支付结算的目的,并通过跨境物流送达商品的一种在线贸易方式。互联网、电子支付、智能移动等技术的全球普及为微供给者和微需求者搭建了新型贸易平台,这种"订单碎片化"的微贸易方式使产品与市场紧密结合,适销对路。面对激烈的国际市场竞争和逐渐消失的出口成本优势,一些外贸型企业可以适时借助跨境电商从新型全球供应链中获得新的发展空间。

跨境电商与传统贸易模式相比,可以有效地绕过贸易壁垒的限制,直接面对国外消费者,中间环节少,渠道成本低,交易虚拟化,营销全天候,这使制造商和终端消费者达成"双赢局面"。商务部的统计显示,中国境内通过阿里巴巴、全球速卖通、敦煌网、亚马逊等第三方平台开展跨境电商业务的外贸企业已超过 20 万家,其中,中小外贸企业和个体商户超过九成。跨境电商作为一个新兴产业,越来越受到企业的青睐。虽然跨境电商在发展过程中也遇到了物流配送滞后、电子支付安全性不够、跨境信用和争端处理不规范等问题,但是相较于传统国际贸易模式,已经取得了巨大的进步。

(一)跨境电商改变了传统国际贸易模式下的交往方式

在传统的国际贸易中,双方当事人往往通过电话、传真、信函、交易会、展览会等形式进行业务交流,通过面谈促成合作。而在跨境电商模式中,买卖双方通过网络平台进行交流,乃至整个交易流程都可以通过网络平台完成。因为在传统国际贸易中,客户往往是企业,而在跨境电商模式中,客户既有企业,也有个人,所以传统的国际贸易模式和操作流程对这些个人购买者而言并不大适用。除此之外,在传统的国际贸易模式中,企业往往需要有专业的跟单员和单证员来处理银行、商检、税务、运输、保险、报关等方面的业务,而在跨境电商中,这些都可以直接通过网络平台完成,既能节约人力,又能提高效率。

（二）跨境电商改变了传统国际贸易模式下的交易数量和频率的限制

在传统的国际贸易中,买卖双方多是企业,往往以大额数量成交为主,合同周期长,交易频率低。而跨境电商主要以零售为主,多数直接面对的是个人购买者,普遍是金额小、数量小并且频率高的交易。

（三）跨境电商改变了传统国际贸易模式下的物流方式

在传统的国际贸易中,由于大规模的成交数量,物流往往采用集装箱海运的形式进行。在跨境电商背景下,成交的往往是种类繁杂并且量小质轻价低的商品,而传统的国际贸易运输方式,比如海运,比较适合大批量的货物运输,这时传统的货物贸易物流方式就不适合跨境电商的物流运输了。目前,跨境电商物流方式主要包括中国邮政、商业快递、专线物流和海外仓等。

（四）跨境电商改变了传统国际贸易模式下的支付方式

在传统国际贸易结算中,信用证、托收等方式适用于成交金额大,且需要以银行等金融机构作为第三方信用保证和支持的货物贸易。而在跨境电商支付中,在成交金额不大且交易频繁的情况下,传统的支付方式就不大适用了。目前许多中国跨境电商的商家在进行海外销售的时候,往往使用中国的支付宝或者欧美企业的支付平台如 PayPal（贝宝）、WorldFirst（万里汇）、Payoneer（派安盈）等作为跨境电商下的结算模式。

三、跨境电商分类

（一）按进出口方向分类

1. 跨境出口

跨境出口是指国内卖家将商品直销给境外的买家,一般是国外买家在跨境电商平台上访问国内卖家的网店,然后下单购买,并完成支付,再由国内的卖家发国际物流至国外买家的一种跨境电商方式。跨境电商业务出口流程如图 1-1-2 所示。

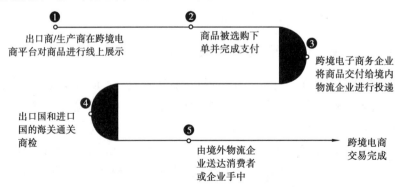

图 1-1-2　跨境电商业务出口流程

跨境出口电商平台的第一梯队是 Amazon（亚马逊）、eBay（易贝）、AliExpress（全球速卖通）和 Wish。AliExpress、Wish 作为后入者，经过近 10 年突围战，终于进入跨境出口电商平台第一梯队。新兴的区域性平台不断涌现，针对中东市场的 B2C 平台，Jollychic（执御）近 3 年呈跳跃式增长。东南亚本土电商平台 Lazada（来赞达）和 Shopee（虾皮）发展势头迅猛，相比之下，其他平台在东南亚地区则发展比较缓慢。

2. 跨境进口

跨境进口是指海外卖家将商品直销给国内的买家，一般是国内消费者访问境外卖家的跨境电商平台，选择商品，然后下单，由境外卖家发国际快递给国内买家的一种跨境电商模式。目前主要有 3 种模式：保税备货模式、海外直邮模式和集货直邮模式，这 3 种模式都以个人物品申报入境，缴纳行邮税。

（二）按交易主体类型分类

1. B2B 模式

B2B 是电子商务的一种模式，是英文 Business to Business 的缩写，是企业与企业之间通过互联网进行的商品、服务及信息交换活动。中国跨境电商市场交易规模中 B2B 跨境电商市场交易规模占总交易规模的 80% 以上。

跨境电商 B2B 和传统外贸的主要区别如下：

①与传统外贸集装箱式的大额交易相比，跨境电商 B2B 是小批量多批次快速发货。

②跨境电商能够满足中小进口商控制采购风险的需求，将大额采购分割为中小额采购，将长期采购变为短期采购。

代表网站有敦煌网、中国制造网、阿里巴巴国际站、环球资源网。

2. B2C 模式

B2C 是英文 Business to Consumer 的缩写，跨境 B2C 是企业针对个人开展的电子商务活动，企业为个人提供在线商品购买、在线咨询等服务，通过电商平台达成交易，进行支付结算，并通过跨境物流送达商品，完成交易的一种国际商业活动。

B2C 跨境电商平台消费者可以直接从企业买到商品，减少了中间环节，通常商品价格较低，同时，这一类平台在不同的垂直类目上各有侧重，例如 Focal Price 主营 3C［Communication（通信产品）、Computer（电脑产品）、Consumer Electronic（消费类电子产品）］数码电子产品，兰亭集势则在婚纱销售上占有绝对优势。

代表网站有速卖通、亚马逊、兰亭集势、米兰网、大龙网。

3. B2B2C 模式

B2B2C 是 Business to Business to Consumer 的缩写，是企业到平台再到消费者的电子商务模式。如企业自建的平台，企业在平台上既卖东西给消费者，同时也接受其他商户的入驻。第一个 B 指商品或服务的供应商，即广义的卖方（即成品、半成品、材料提供商等）；第二个 B 指交易平台，即提供卖方与买方的联系平台，同时提供优质的附加服务；C 则是表示消费者，即买方，是在第二个 B 构建的统一电子商务平台购物的消费者。

代表网站有天猫、京东、TCL 酷友商城。

4. M2C 模式

M2C 是 Manufacturing to Consumer 的缩写,是生产厂家直接对消费者提供自己生产的产品或服务的一种商业模式。其特点是流通环节减少至 1 对 1,销售成本降低,从而保证了产品品质和售后服务质量。

5. C2C 模式

C2C 是个人与个人之间的电子商务,即 Consumer to Consumer,主要通过第三方交易平台,实现个人对个人的电子交易活动。比如一个消费者有一台电脑,通过网络进行交易,把它出售给另外一个消费者,此种交易类型称为 C2C 电子商务。

代表网站有 eBay。

6. O2O 模式

O2O 模式又称离线商务模式,是 Online to Offline 的缩写,是指线上营销,线上购买,带动线下经营和线下消费,通过打折、提供信息服务、预订等方式,把线下商店的信息,推送给互联网用户,从而将它们转化为自己的线下客户的一种新型电商模式。O2O 模式适合必须到店消费的商品和服务,例如餐饮、健身、电影和演出、美容美发等。

(三)按平台服务类型分类

1. 信息服务平台

信息服务平台主要为境内外会员商户提供网络营销平台,传递供应商或采购商等商家的商品或服务信息,促成双方完成交易。代表网站有阿里巴巴国际站、环球资源网、中国制造网等。

2. 外贸综合服务平台

外贸综合服务平台为企业提供通关、物流、退税、保险、融资等系列服务,帮助企业完成商品进出口的通关和流通环节,还可以通过融资、退税等手段帮助企业资金周转。代表网站有阿里巴巴等。

3. 在线交易平台

在线交易平台不仅提供企业产品服务等多方面信息展示,并且可以通过平台完成线上搜索、咨询、对比、下单、支付、物流评价和全购物链环节。在线交易平台正逐渐成为跨境电商的主流模式。代表网站有全球速卖通、eBay 等。

(四)按平台运营分类

1. 第三方开放平台

平台型电商通过线上搭建商城,整合物流、支付、运营等服务资源,吸引商家入驻,为其提供跨境电商交易服务。同时,平台以收取商家佣金以及增值服务费作为主要盈利模式。代表网站有阿里巴巴国际站、环球资源网、中国制造网等。

2. 自营型电商平台

自营型电商平台是通过在线上搭建平台,平台方整合供应商资源,以较低的进价采购商品,然后以较高的售价出售商品的一种平台模式。自营型平台主要以商品差价作为盈利模式。代表网站有兰亭集势、米兰网、大龙网。

【课后练习】

一、单项选择题

1. 在中国的跨境电商交易模式中,( )占主流。

A. B2B 模式   B. B2C 模式

C. C2C 模式   D. O2O 模式

2. 下列不属于第三方开放型的跨境电商平台的是( )。

A. 中国制造网   B. 阿里巴巴国际站

C. 兰亭集势   D. 环球资源网

3. 在外贸环节中,流程操作描述正确的是( )。

A. 往来磋商、签订合同、生产备货、报关前准备、报关、装船、结汇退税

B. 签订合同、生产备货、装船、制单交单、结汇退税

C. 往来磋商、签订合同、生产备货、装船、制单交单、结汇退税

D. 往来磋商、签订合同、生产备货、报关前准备、报关、装船、制单交单、结汇退税

4. 下列属于跨境电商 B2C 模式的平台是( )。

A. 中国制造网   B. 敦煌网

C. 全球速卖通   D. 环球资源网

5. 跨境电商企业设置的工作岗位一般包括( )。

A. 采购专员   B. 运营专员

C. 客服专员   D. 上述都对

6. 跨境电商的未来发展呈现出以下哪些趋势?( )

A. 产品品类和销售市场更加多元化

B. 产业生态更为完善,各环节协同发展

C. B2C 占比提升,B2B 和 B2C 协同发展

D. 上述都对

二、多项选择题

1. 跨境电商的主要特点包括( )。

A. 买卖双方通过网络平台交流,整个交易流程都可以通过网络平台完成

B. 以金额小、数量小并且频率高的交易为主

C. 常用的物流模式包括国际小包、国际快递、第三方物流模式和海外仓

D. 传统的信用证、托收等结算方式已不再适用

2. 跨境电商岗位的特点是( )。

A. 掌握跨境电商技能

B. 熟悉现代商务活动

C. 熟悉跨境电商前沿理论

D. 良好的外语水平

3. 跨境电商平台按照平台服务类型分类可以分为(　　　)。

A. 在线交易平台　　　　　　　　B. 第三方服务平台

C. 外贸综合服务平台　　　　　　D. 信息服务平台

三、实操练习

打开 IE 浏览器,在地址栏中输入前程无忧网站地址 https://www.51job.com 或智联招聘网站地址 https://www.zhaopin.com,进入网站首页后,在"职位搜索"栏中输入关键字"跨境电商"或者"电子商务",针对北京、上海、广州和深圳 4 个城市,了解目前对跨境电商和电子商务相关的职位名称、需求数量和对应的求职要求。

任务二　跨境电商平台认知

【学习目标】

知识目标:认识常用的 B2B 跨境电商平台:阿里巴巴、中国制造网、环球资源网;了解常用的 B2C 跨境电子商务平台:亚马逊、全球速卖通、eBay、Wish 的基本情况、入驻条件、目标市场和适合企业,并且了解自建平台。

能力目标:学会根据公司优势和主打产品,选择合适的跨境电商平台,为公司提供平台选择的决策建议。

思政目标:了解平台规范,诚实守信,坚持经营原则,通过介绍中美贸易摩擦促进外贸转型,让学生分析 IPC(国际电子工业联接协会)调研结论等活动,增强学生的爱国主义精神和大国自信。

【工作情景】

公司刚刚开始跨境电商业务转型,尚无经验,了解了跨境电商的基本概念之后,结合公司本身特性,公司领导决定,选择 1~2 个主流跨境电商平台,开始跨境电商业务操作。作为跨境电商部门的一名员工,郭茂开始着手了解和认识国内主要的跨境电商平台。

近些年,我国的跨境电商已经进入高速增长期,成为全球跨境电商中心之一。越来越多的外贸企业开始选用一个或多个跨境电商平台,推动外贸业务的进一步扩展。目前,中国外贸企业常用的 B2B 外贸平台包括阿里巴巴、环球资源网、中国制造网和敦煌网;主流 B2C 平台包括 eBay、亚马逊、全球速卖通、Wish 等。

一、B2B 跨境电商平台

(一)阿里巴巴

阿里巴巴网络技术有限公司(简称"阿里巴巴集团")于 1999 年在中国杭州创立。阿里巴巴集团经营多项业务,同时也从关联公司的业务和服务中取得商业生态系统上的支援。

关联公司的业务包括淘宝网、天猫、聚划算、全球速卖通、阿里巴巴国际站、1688、阿里妈妈、阿里云、蚂蚁金服、菜鸟网络等。

跨境电商最常用的就是阿里巴巴国际站(www.alibaba.com)，如图1-2-1所示。阿里巴巴网站属于综合类B2B电子商务网站，定位于为世界上的商人建立一个综合信息交易服务平台，涉及许多行业领域。阿里巴巴国际站提供一站式的店铺装修、产品展示、营销推广、生意洽谈及店铺管理等全系列线上服务和配套支持工具，帮助企业降低成本，高效率地开拓海外市场。阿里巴巴B2B网站的目标客户是国内的中小企业。

2017年，阿里巴巴"一拍档"正式上线，阿里巴巴外综服(一达通)引入各类本地化外贸服务企业(如货代、进出口代理商、报关行、财税公司等)作为一达通的合作伙伴，为外贸企业，尤其是中小微企业提供更加完整的本地化、贴身化、个性化的低成本出口流程综合服务，打造一站式整体服务和解决方案。阿里巴巴出口通金牌会员的基础年费为29 800元，可发布产品数不限，但橱窗产品只有10个额度。

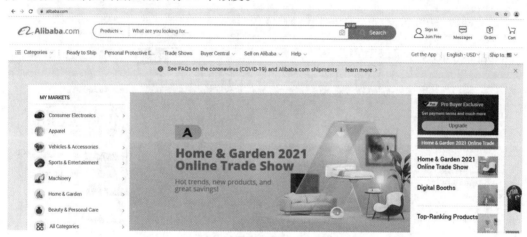

图1-2-1　阿里巴巴国际站首页

(二)中国制造网

中国制造网(www.made-in-china.com)是一个中国产品信息荟萃的网上世界，面向全球提供中国产品的电子商务服务，旨在利用互联网将中国制造的产品介绍给全球采购商，如图1-2-2所示。中国制造网的海外推广主要通过Google等搜索引擎及参加海外展会等形式进行。其金牌会员年费为31 100元，企业可以发布1 000个产品，其中包含7个主打产品。

(三)环球资源网

环球资源网(www.globalsources.com)是一家多渠道B2B媒体公司，致力于促进大中华地区的对外贸易，如图1-2-3所示。环球资源的核心业务是通过一系列英文媒体，包括环球资源网站、印刷及电子杂志、采购资讯报告、买家专场采购会、贸易展览会等形式促进亚洲各国的出口贸易。环球资源网一星会员的基础年费是40 888元，偏重电子行业。

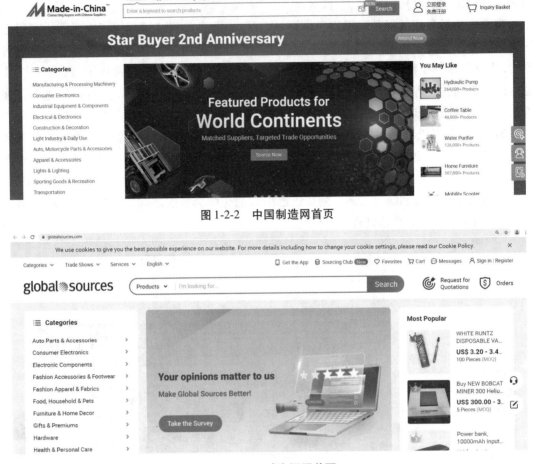

图 1-2-2　中国制造网首页

图 1-2-3　环球资源网首页

二、B2C 跨境电商平台

(一)亚马逊

亚马逊(www. amazon. com)于 1995 年成立于美国西雅图,拥有全球 3.04 亿优质客户,是美国最大的网络电子商务公司,如图 1-2-4 所示。亚马逊最初从事的是网络书籍销售业务,现已成为全球商品品种最多的网上零售商和全球第二大互联网企业。目前,亚马逊全球开店覆盖 17 个站点,通过亚马逊全球开店,卖家可直接触达亚马逊全球超过 3 亿活跃用户,其中包括超过 2 亿 Prime(主要)会员用户。亚马逊全球 185 个大运营中心可以将商品配送至全球 200 多个国家和地区的消费者。

亚马逊账户目前分为自注册账户和招商经理的全球开店账户两种类型。

自注册账户是以个人身份在亚马逊平台上注册卖家的账户。亚马逊账户具有唯一性,即一张营业执照、一个网络 IP、一个身份证号只能注册一次账号。

图 1-2-4　亚马逊首页

"全球开店"必须是企业，所有平台中对卖家要求最高，入驻门槛最高，利润空间也最高。适合产品质量有优势的贸易型企业、制造型企业和拥有自主品牌的企业及其品牌代理商。这里需要提醒的是亚马逊禁止操作和持有多个卖家账户，在选择亚马逊之前需要了解该平台规则，防止账户关联。

亚马逊的目标市场主要面向欧美中高端市场客户，门槛最高。目前全球开店可以开通的站点有：美国、加拿大、德国、英国、法国、意大利、西班牙、日本、墨西哥、澳大利亚、印度、阿联酋、沙特、新加坡、荷兰、瑞典、波兰。其中美国、加拿大和墨西哥为北美联合账号；英国、法国、德国、意大利、西班牙为欧洲联合账号。联合账号是指卖家开通其中任意一个站点，就可以不需要再提供其他资料连带开通联合账号内的其他站点，卖家可根据自身的产品特点和物流配送条件，选择合适的站点。

FBA 是 Fulfillment by Amazon 的缩写，简单理解就是亚马逊物流，它是由亚马逊提供的包括仓储、拣货打包、派送收款、客服与退货处理的一条龙式物流服务。

目前亚马逊平台收款有多种方式，主要使用的有 Payoneer、World First、Pingpong、美国银行卡、Currencies Direct（英国跨境支付平台）、香港账户转账结汇 6 种。

（二）全球速卖通

全球速卖通（www. aliexpress. com）是阿里巴巴旗下的面向国际市场打造的跨境电商平台，被广大卖家称为"国际版淘宝"，如图 1-2-5 所示。全球速卖通的买家以个人消费为主，约占平台买家总数的 80% ，所以速卖通的定位是外贸零售网站。

全球速卖通成立于 2010 年，客户买家范围已经遍及全球 220 多个国家和地区，覆盖服装服饰、3C、家居、饰品等 30 多个一级行业类目，无线交易额占比超过 55% ，网站日均浏览量约为 2 亿，App 在 100 多个国家排名第一。2019 年 3 月，阿里巴巴旗下跨境电商零售平台全球速卖通在俄罗斯推出在线售车服务，俄罗斯消费者可以直接在全球速卖通上一键下单，支付预付款，到指定线下门店支付尾款即可提货。

全球速卖通的账号分为官方店、专卖店和专营店 3 种。入驻全球速卖通需提供企业支

图 1-2-5　全球速卖通首页

付宝账号、企业营业执照、法人身份证等,从 2020 年开始,入驻全球速卖通不再收年费,只需提交保证金即可。

在全球速卖通上有 4 类物流服务,分别是经济型、简易型、标准型、快速型和海外仓物流。其中 AliExpress 无忧物流是全球速卖通和菜鸟网络联合推出的速卖通官方物流服务,无忧物流分为简易服务、标准服务和优先服务 3 种,都是通过菜鸟网络与多家优质物流服务商合作搭建的全球物流网络进行配送,能够为全球速卖通卖家提供包括稳定的国内揽收、国际配送、物流详情追踪、物流纠纷处理、售后赔付在内的一站式物流解决方案,降低物流不可控因素对卖家造成的影响,让卖家放心在全球速卖通平台上经营。海外仓物流是指已备货到海外仓的货物所使用的海外本地物流服务。

(三)自建平台

1. 概念简介

跨境电商自建平台,即跨境电商自建站,是指跨境电子商务卖家自建的具备商品展示、交易结算等功能的电子商务平台网站,通常为拥有配套的物流和支付服务体系的跨境 B2C 平台网站。

在第三方跨境电子商务平台规则限制多,无法获取客户资源,竞争比较大等不利因素的影响下,越来越多的海外电商企业建立了自己的跨境电商平台。自建平台拥有第三方跨境电商平台上所没有的优势,可以自主管理定制化服务,品牌形象更佳,用户体验更好,拥有更强劲的竞争力优势。同时,自建平台需面对流量瓶颈的问题。

2. 利弊分析

对于卖家而言,自建平台的优势非常明显:①树立网站品牌。②无平台规则限制。③客户资源属于自己。通过自建平台,后台保留的客户邮箱、客户资料都可以作为后期分析和推广的资源。④无比价竞争。客户来到公司的独立网站,所有产品都是属于公司的,而不会像平台上多家店铺卖同一种商品,客户会比较各个卖家,再下单购买,一旦公司的价格或者产品不具有足够的竞争力,就会流失订单和客户。⑤自主处理问题。第三方平台在买卖双方发生纠纷的时候,更加倾向于保护买家,而不是卖家,很多不法分子会利用平台保护买家的政策漏洞来对卖家进行诈骗,获取退款和货物。独立网站可以通过接入可靠的第三方支付平台,对卖家和买家利益均有保障,不会偏向哪一方的利益。

但是跨境电商自建平台门槛较高,存在的问题也是卖家不可忽视的:

(1)技术较难

建站涉及技术方面的东西比较多,例如购买域名、空间、支付集成、风险控制以及后台的技术维护等,都需要比较专业的技术知识。尤其是海外地区网站打开速度无法得到保障,影响用户体验,严重影响在线销售转化率,使大量高质量的潜在客户流失。

(2)成本较高

独立建站就意味着要花钱建站,而且没有平台的稳定流量支持,后期推广、运营客服、售后都需要大量的人力支持和成本花销。

(3)见效较慢

建立独立站点,相当于是一个全新的平台,没有客户知晓,需要投资大量的人员和费用用于推广才能带来流量和订单,而且花费时间比较长,没有三五个月很难见到比较好的效果。

3.运营模式

跨境电商自建平台运营模式,作为拥有配套物流和支付服务的体系,且直接与国外消费群体实现在线交易的新型模式,相比于第三方跨境电商平台,自建平台省去了很多中间环节,降低了企业渠道成本,实现交易双方直接对接,是跨境电商模式的一大创新。

跨境电商自建平台运营工作分为建站上线、选品铺货、推广引流等三大环节,其中,推广引流是决定自建平台能否实现长期运营的关键所在,自建平台推广引流的方法多种多样,可以通过搜索引擎引流、社交媒体引流和EDM营销引流等来实现。

(1)搜索引擎引流(SEO)

SEO引流方式起效较慢,短时间内无明显效果,比较适合作为一个长远的规划去做;另外,如果SEO做得过快,有时可能会适得其反,被列入黑名单,被惩罚。如果店铺在起步阶段就是做SEO,几个月内没有出单,同时流量也没有明显提升,那么卖家很容易动摇继续做SEO的决心。所以选择做SEO,要等到店铺做到一定体量,稳定出单时,再小范围慢慢地去优化。

(2)社交媒体引流

社交媒体引流渠道有多种,如在Twitter(推特)、Facebook(脸书)、TikTok(抖音海外版)等社交网站上做投放,这类推广比较适合单价高的产品。网红推广算是一种新兴的社交媒体引流方式,它的成本比在社交网站上做投放要低,如果是大网红,费用相对高,转化率也相对好;如果是小网红,可以同时找几个,通过对比后期的转化率再筛选,谁的转化率高,就和谁合作。

(3)EDM营销引流

EDM营销也就是电子邮件营销引流,这是跨境电商卖家与国外买家进行交流的重要媒介,利用电子邮件,卖家可直接快速地对买家进行精准营销。相关数据统计,在当前的引流渠道中,EDM营销的转化率是比较高的。EDM营销还有利于跨境电商卖家长期与订阅客户保持联系,增加用户黏度,提高用户忠诚度。

4. 适合企业

对卖家来说,跨境电子商务自建平台所销售的产品和第三方平台的定位大体相近,比如物流费比重不会过大的商品,或者比较新奇古怪的产品。同时,跨境电商自建平台会倾向于发展时尚电子 3C 产品、户外产品等类目,既有热衷于开展大众消费类的商家,也有专注丁挖掘垂直专业类的商家。此外,在运营推广以及引流方面有实践经验的卖家,也更适合发展外贸自建站。

三、第三方主要平台对比

(一)全球速卖通

1. 入驻条件

①经合法登记注册过的公司或企业(不包括个体工商户)。

②需提供四证(营业执照、组织机构代码证、税务登记证、银行开户证书)。

2. 费用

①年费分别为 10 000 元人民币、30 000 元人民币(电子烟、手机等),或 50 000 元人民币(真人发),但是当销售额达到一定要求时,可以部分或全部返还年费。

②成交费为成交价的 8%。

③使用 Alipay(支付宝)提现美元,每笔需 20 美元提现费。

3. 销售模式

B2C 垂直类销售模式主要针对企业客户,75% 的海外市场分布在俄罗斯、巴西、美国、西班牙和土耳其。

4. 平台优势

①全中文操作界面。

②免费刊登大部分品类。

③没有起始刊登期限。

④容错性相对较高(商户评级制度周期是 2 个月的自然月)。

5. 平台劣势

①价格竞争激烈,宣传推广费用高(有直通车功能,运用竞价排名)。

②运营政策偏向大卖家和品牌商。

③基本不提供客服服务。

④买家对平台的忠诚度不高。

(二)亚马逊

1. 入驻条件

①中国大陆境内、香港地区、台湾地区注册的有限公司法人。

②不接受个体工商户。

2. 费用

①月租费。专业卖家:39.99 美元/月;个人卖家:无月租费。

②单件销售费用。专业卖家：无须按件收费；个人卖家：每售出一件商品，亚马逊收取0.99美元。

③销售佣金。不同品类商品的销售佣金比例和按件最低佣金都有不同的规定，一般为8%，10%，15%。

3. 销售模式

B2C模式，主要针对个人消费者。

4. 平台优势

①拥有庞大的客户群和流量优势，以优质的服务著称。

②具有强大的仓储物流系统和服务，尤其是北美、欧洲、日本地区。卖家只需要负责出售产品，后期的打包、物流、退换货都由亚马逊提供统一的、标准的服务模式，会产生一些服务费用，包括存储费、配送费和其他服务费用，也可以选择自己配送。

③站点联动，比如亚马逊欧洲站点只需要有一个国家的账户就可以面向全欧洲市场销售。

④提供中文注册界面。

5. 平台劣势

①对卖家的产品品质要求高。

②卖家必须可以开具发票。

③对产品品牌有一定的要求。

④手续较其他平台略复杂。

⑤一台电脑只能登录一个账号。

⑥收款银行账号需要注册自美国、英国等国家。

（三）eBay

1. 平台简介

eBay，中文名为亿贝、易贝，是一个可让全球民众上网买卖物品的线上拍卖及购物网站，如图1-2-6所示。

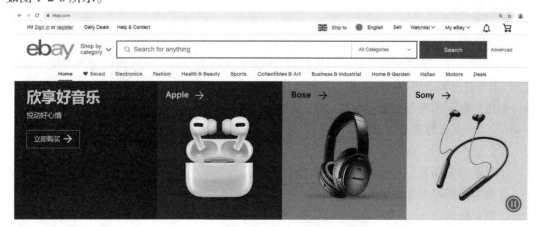

图1-2-6　eBay首页

2. 入驻条件

①合法登记的企业用户,并且能提供 eBay 要求的所有相关文件。

②须注册为商业账户。

③每一个卖家只能申请一个企业入驻通道账户。

④申请账号需通过 eBay 卖家账号认证且连接到已认证的 PayPal 账号。

3. 费用

①eBay 收费包括月租费、刊登费、成交费以及特色功能费。

②用 PayPal 支付时还要收取 3.9% 的手续费,提现需要 35 美元的提现费。

③企业一般不会用 eBay 后台上产品,都是用第三方软件上产品,上面会自动计算出刊登费。第三方软件有 Page Admin、SoldEasy 和青蛙等。总体来说,各种费用约占售价的 15% ~ 20%。

4. 销售模式

B2C 垂直销售,主要针对个人消费者,在发达国家比较受欢迎。

5. 平台优势

①排名相对公平,有专业客服支持。

②新卖家可以靠拍卖曝光。

③开店门槛比较低,但规则烦琐。

6. 平台劣势

①买家保护政策强势,遇到买卖争议时多半偏向买家,卖家损失惨重。

②英文界面不友好,上手操作不容易。

③费用高,开店是免费的,上架产品需要收钱,商品成交费用和刊登费用共计 17%。

④严苛的卖家标准(针对假货等商品),遇到投诉会被封店。

⑤一般采用 PayPal 付款,具有一定的风险。

⑥审核周期长,只能拍卖,产品数量有起始限制,需要积累信誉才能越卖越多,出单周期也长,需要慢慢积累。

(四)Wish

1. 平台简介

Wish 是 2011 年成立的一家高科技公司,不同于亚马逊、eBay、全球速卖通等跨境电商平台,Wish 专注于移动端的"算法推荐"购物,呈现给用户的商品大都是用户关注的、喜欢的,每一个用户看到的商品信息不一样,同一用户在不同时间看到的商品也不一样。Wish 首页(www. wish. com)的展示方式也别具一格,如图 1-2-7 所示。

2. 入驻条件

①只能售卖版权归自己所有或者被授权的产品。

②售卖的商品必须是有形产品。

③所需资料。

内地公司:营业执照、税务登记证、法人身份证(原件扫描/拍照)。

香港公司:营业执照[CR 证及 NC(National Certificate)、股本和创始人页]、税务登记证

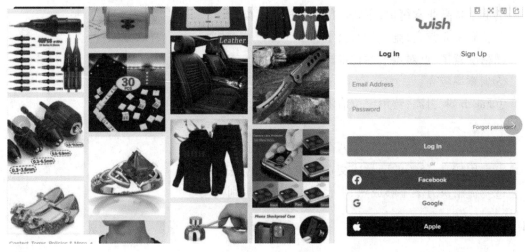

图 1-2-7　Wish 首页

（商业登记证、董事/法人）。

3. 费用

（1）平台佣金

在 Wish 上创建账户、开设店铺都是免费的，上传商品信息也不会被收取任何费用，不过 Wish 将从每笔交易中按一定百分比或按一定金额收取佣金，即卖出物品之后收取这件物品收入（售价+邮费）的 15% 作为佣金。

（2）收款提现费率

①Payoneer：从 Wish 收款是免费的，提现起始手续费为 1% 或更低。

②PayPal：1% 手续费。

③PingPong：1% 或更低（没有隐性费用），包括从入账到提现的全部费用。

④联动支付（UMPAY）：1% 手续费。

⑤PayEco（易联支付）：1% 手续费。

⑥Bill. com（电子支票）：每笔交易收取 0.49 美元。

⑦Bill. com（纸质支票）：每张支票收取 1.49 美元。

（3）平台罚款

①若产品信息不准确、销售伪造侵权产品，账户可能面临罚款，每个仿品可能会被罚款 1 美元。

②如果店铺禁售过去 9 天交易总额超过 500 美元的促销产品，店铺将被罚款 50 美元。

③经过审批的产品在编辑后，被再次审核时如果发现产品违反了 Wish 的政策，商户可能会被处以 100 美元的罚款。

4. 销售模式

Wish 是 B2C 垂直类销售，数据分析起家，主要针对移动端买家，能够根据客户的兴趣推送产品。

5. 平台优势

①良好的本土化支持。

②上架货品非常简单,主要运用标签进行匹配。

③利润率非常高,竞争相对公平。

④精准营销,点对点个性化推送客户。

⑤满意率较高。

⑥Facebook 引流,营销定位清晰。

6. 平台劣势

①商品审核时间过长,短则两个星期,长则两个月。

②费用较高,15% 的商品成交费用和 1.2% 的提现费用。

③物流解决方案不够成熟,平台的买卖纠纷规则模糊。

【课后练习】

一、单项选择题

1. 阿里巴巴国际支付宝是（　　　　）。

A. 一种第三方支付服务

B. 一种支付工具

C. 无须绑定支付宝账户

D. 已经拥有国内支付宝账户,需再申请国际支付宝账户

2. 阿里巴巴国际站通过（　　　　）来统计收到邀请信的客户对本公司产品是否有兴趣,用户可以用这些数据来分析。

A. 自动统计邀请的客户数

B. 阅读邀请信的客户数

C. 单击邀请信中超级链接的客户数

D. 以上都有

3. 下列关于全球速卖通禁限售规则说法错误的是（　　　　）。

A. 发布真枪、弹药、军火及大型武器属于严重违规行为,每次扣 48 分

B. 全球速卖通禁止卖家发布易燃易爆、危险化学品类产品

C. 印有大麻叶子图案产品不可销售至除俄罗斯以外的其他国家

D. 全球速卖通禁止卖家发布涉及人身安全、隐私类产品

4. 主要针对移动端买家,能够根据客户的兴趣推送产品的平台是（　　　　）。

A. 亚马逊　　　　　　　　　　　　　B. 全球速卖通

C. Wish　　　　　　　　　　　　　　D. eBay

5. 关于 eBay 企业账户注册,说法不正确的是（　　　　）。

A. 必须为合法注册登记的企业

B. 账户类型为新注册商业账号或者还未进行任何交易的商业账户

C. 每个卖家只能申请一个企业入驻通道账户

D. 账户 eBay 注册地址只能是中国大陆

6. 卖家精灵是一款支持（　　　　）平台的选品软件。

A. 亚马逊   B. 全球速卖通

C. eBay   D. Wish

7. 全球速卖通买家页面网址是(　　　)。

A. www. aliexpress. com   B. www. alibaba. com

C. daxue. aliexpress. com/   D. seller. aliexpress. com

二、多项选择题

1. 亚马逊账户目前分为以下哪几种类型?(　　　)

A. 自注册账户   B. 全球开店账户

C. IP 开店账户   D. EP 开店账户

2. 全球速卖通上有哪几种物流服务类型?(　　　)

A. 经济型   B. 简易型

C. 标准型   D. 快速型

3. 亚马逊平台开发 FBA 有哪些优势?(　　　)

A. 全天候的客服服务

B. 配送速度快

C. 支持多渠道配送,满足跨平台配送需求

D. 流量扶持,更多的订单

三、实操练习

打开 IE 浏览器,在地址栏输入 www. aliexpress. com 进入全球速卖通买家端,输入 www. alibaba. com 进入阿里巴巴国际站,输入 www. amazon. com 进入亚马逊的买家端,输入 www. ebay. com 进入 eBay 买家平台,完成以下操作:

1. 完成买家账户注册。

2. 比较 4 个平台的展示风格、商品分类、买家注册条件和需要提交信息的差别。

3. 说说你最喜欢哪个平台,为什么?

任务三 网上搜索与开发客户

【学习目标】

知识目标:了解关键词法、逆向法、横向法、纵向法等常见的客户资料搜索策略;掌握搜索引擎、黄页网站、行业展会、社交平台、行业协会、商务部网站等网上客户搜索的渠道和方法;学习客户开发信的写作技巧。

能力目标:能够通过搜索引擎、黄页网站、行业展会等网络资源,进行客户信息搜索;能够通过客户开发信进行客户开发。

思政目标:具备坚持不懈地尝试,不断总结经验的精神品质。

【工作情景】

在了解各主流电商平台自身特点的过程中,郭茂开始学习客户资料搜索的渠道、方法和策略,并尝试以开发信的方式进行客户开发。

一、客户资料搜索策略

随着互联网的快速发展,以前通过展会、贸易名录等传统方式寻找客户的方法正慢慢被网上客户搜索所取代。现在的跨境电商外贸业务员基本都是以网络的方式将产品卖到世界各地。那么业务员是如何在网上搜索客户的呢?本任务将主要介绍通过免费平台搜索客户资料的方法和策略。

常见的客户资料搜索策略有关键词法、逆向法、横向法、纵向法4种。

(一)关键词法

关键词法就是选择适当的关键词,直接查找潜在客户信息。由于英文词汇丰富,很多产品或者行业都有较多的同义词或近义词,所以在搜索时关键词的覆盖面要广,精确度要高。全球使用英语的国家和地区有70多个,英语使用也带有一定的区域色彩。因此,在搜索客户时,要了解目标地区对这一产品最常用的表达方式。比如"trousers"指长裤,用于较正式的场合,英美用法是一样的,而"pants"在美国泛指各类裤子,在英国则指衬裤或短裤。所以,在搜索客户信息前,业务员要多了解一些相关的行业英文,判断几个同义词中哪一个更受哪国顾客的喜爱,可以分别去各国 Google 网站搜索,看哪一个得到的搜索结果数量多,自然就知道该地区的客户倾向于使用什么表达用语了。

(二)逆向法

在国际贸易实践中,批发商和零售商往往既需要购买货物,也需要售出货物,这是逆向法可行的关键。寻找那些在网站上销售同类产品的商家,虽然他们没有发布求购信息,但既然他们销售,就肯定需要货源。当然,他们肯定已经有了现成的货源渠道,但这并不意味着没有机会,因为即使有了货源渠道,多数买家也并不介意多寻找合作的供货商,以降低风险,择优比较或讨价还价,更何况,很多产品类别一样而款式不同,完全可以向他们推荐多款产品。

(三)横向法

除了专业性很强的产品,很多产品特别是工艺品和家居日常消费品,其潜在客户面是相当广的。当我们获知一个客户信息的时候,即使他采购的产品并不是公司生产的东西,但只要类别接近,不管是产品功效接近还是材质接近,都不妨一试。比如,向求购笔记本的客户推荐签字笔,横向地开拓产品外延,争取交易机会。对于用横向法找到的客户,促销方式不宜急切,因为客户已有预计的采购项目,急切反而引起反感,最好选择比较平和的提供建议和资讯的方式,只做介绍,不急于成交,争取客户主动提出进一步了解的要求,就成功了一半。此外,横向法还可以直接用于消费类产品,比如可以寻找一些大型企业或品牌商家,他们常常会需要一些纪念品或者促销品,例如书签、名片夹等小产品,这样可以进行横向拓展。

(四)纵向法

纵向法多用于原材料和半成品的销售,即了解公司产品的最终用途或深加工用途,除了专门的原料采购商以外,可以寻找那些在网上发布了这些下游产品销售信息的商家与之联系。通常销售信息比购买信息更容易查找,联系方式等也更开放。

二、客户信息查找方法

(一)利用搜索引擎查找客户

利用搜索引擎是开发客户非常常见和实用的途径之一。搜索引擎是互联网信息收集的重要工具,通过搜索引擎每个人都能很轻松地获取相关信息。外贸人员常用的国外搜索引擎包括 google、yahoo、Bing 和各国本土的搜索工具。这些搜索引擎网址众多,很难一一记住,不过业务员可以通过龙之向导网站(www.dragon-guide.net)提供的接口,轻松访问各国的搜索引擎和黄页网站,达到事半功倍的效果,如图 1-3-1 所示。

图 1-3-1　龙之向导网首页

查找客户信息其实主要就是指查找到客户的电子邮箱,只有找到了邮箱,才能把开发信投递给客户。下面就以必应网站为例说明利用搜索引擎查找客户邮箱的主要方法。

1. 产品名称+采购词+email 组合搜索

该方法是用产品英文名称,加上采购词,如 importer、distributor、wholesale、wholesaler、wanted、buyer、buying、purchase、purchasing、shop、store、interested in 等词,再加上电子邮箱的英文单词"email"进行组合搜索。例如公司是卖手机壳的,可以在搜索框输入"phone cases importer email"进行搜索,如图 1-3-2 所示。

图 1-3-2 必应手机壳组合搜索

2. 产品名称+公司对等词+email

公司对等词,其含义就是全球不同国家对公司的常用表述,见表 1-3-1。

表 1-3-1 公司不同表达形式

公司简称	国家或地区
SDN/BHD	马来西亚
GMBH	德国
AG	德国和瑞士
S. A.	南欧、南美
S. A. R. L.	法国、西班牙、黎巴嫩
B. V. / N. V	荷兰
PTE/ PVT/ PTY	新加坡、印度
S. P. A/S. R. L	意大利
AB/OY	瑞典、芬兰
K. K/ Y. K	日本

3. 产品名称+公共电子邮箱系统

现在各国都有各自主流的公共电子邮箱系统,每位网民都会在一些知名的电子邮件系统上注册自己的邮箱,以便与他人联系。国内主要的公共电子邮箱系统包括@ 163. com、@ qq. com 等。美国客户常用的公共电子邮箱系统包括@ gmail. com、@ yahoo. com、@ hotmail. com、@ aol. com 等。外贸业务员可以将自己公司的产品名称加上这些公共电子邮箱系统的后缀直接搜索到相关客户的邮箱。以"手机壳"为例,业务员可以在搜索框输入"phone cases @ gmail. com",搜索经营手机壳的美国客户的邮箱。但同时要尽量注意避开使用@ qq. com、@ sina. com 等国外客户屏蔽较多的邮箱。

4. 利用必应地图查找客户

在必应的首页直接点击"地图",或者搜索必应地图官网(外文网址:https://www.

bing. com/maps,中文网址:https://cn. bing. com/maps),就可以进入地图搜索页面。利用地图搜索相关企业信息时,最好具体到在哪个地区或者城市搜索,例如,要搜索美国加利福尼亚的手机壳公司时,可以在搜索框输入"phone cases company California, United States",搜索结果就会呈现出来,如图1-3-3所示。

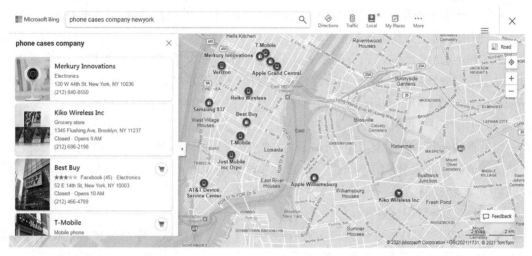

图 1-3-3 必应地图搜索

5. 利用搜图的方式搜索客户

在必应的首页直接点击右上角的图片链接,就可以进入搜图的页面,如图1-3-4所示,然后在搜图页面的搜索框中输入要搜索的产品名称进行搜索就可以搜索到同类产品的图片,进一步点击图片就会搜索到产品图片的发布者,然后就可以从中寻找外国批发商或者零售商了。

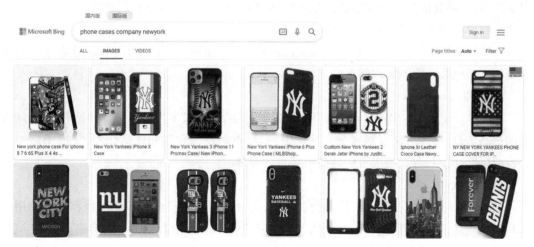

图 1-3-4 必应搜图搜索

6. 产品名称对等词

外贸业务员的工作是将产品卖给全世界的各个国家,目标客户并不只是英语国家的客户。因此,外贸业务员可以借助谷歌翻译或词典找出自己公司的产品名称在各国语言中的对等词,然后利用上述提到的各种搜索组合,在搜索引擎中,扩大客户搜索的地理范围。仍以"手机壳"为例,通过谷歌翻译,可以查到其在日语中的对等词是"電話ケース",在法语中的对等词是"étui pour téléphone",在意大利语中的对等词是"cabina telefonica"。有了这些不同语言的产品对等词,业务员就可以将客户信息搜索的工作扩展到各个国家了。

7.使用逻辑词辅助查找

基本上所有的搜索引擎都支持使用逻辑词进行更复杂的搜索界定,常用的有:

(1)使用字符进行精确查找

and(和)、or(或)、not(否,有些是 and not)及 near(两个单词的靠近程度),恰当应用它们可以使结果非常精确。另外,也可以使用括号将搜索词分别组合,例如,(phone cases)and(protective case)not(tempered film),意思是:手机壳+保护套,不包括钢化膜。

(2)使用双引号进行精确查找

如果查找的是一个词组或组合词,最好的办法就是加入双引号,这样得到的结果最少、最精确。例如在搜索引擎的 Search(查询)框中输入"phone cases",会比输入"phone cases"得到更少、更精确的结果。

(3)使用加减号限定查找

很多搜索引擎都支持在搜索词前冠以加号(+)限定搜索结果中必须包含的词汇,用减号(−)限定搜索结果不能包含的词汇。

(二)其他网上客户搜索方法

1.通过本行业的展会搜索客户信息

首先,可以在专业的展会网站上查找其展商列表,也可以搜索地区性的展会。方法就是在搜索引擎中输入产品大类名称,再加上 show、fair 等词。找到他们的网站后,再去查找展商列表,然后将展商的企业名称粘贴在 Google 等搜索引擎中进一步查找其邮箱。

2.利用社交平台搜索客户信息

现代社会,几乎每个人都有几个社交网站账户,善加利用,可使用这些站点来寻找和关注我们真正想要获取的客户信息。

(1)Business Blogs

建立一个 Business Blogs(商业博客)是非常必要的,可以将公司的官方网站和 B2B 站点上的产品信息、使用方法复制到个人站点中,实时更新技术介绍和新品介绍,穿插幽默小笑话,和其他人分享观点,最大可能地吸引客户的眼球。

(2)Twitter

通过 Twitter,可以抓住时下的机会和资讯,发现新的商业机会。只要保持稳定的使用时间和持续更新,客户最后甚至会自己找上门。要想在 Twitter 上找到潜在的客户,可以尝试下面的几种方法:

①使用 Twellow(寻找)工具来寻找有关的客户。

②使用 Search Function 工具搜索目标关键词。

③转发有价值的内容。

④分享有趣、新颖、独到的内容。

（3）Facebook

众所周知，Facebook 是全球最大的社交媒体，虽然现在已经有很多人在上面发布商业信息，也免费开通了企业版，但该平台最初只是为了朋友间的娱乐分享，因此突出个人、企业、产品的个性与特色尤为重要，这也是很多人发了产品却少有人回复互动的原因。很多人加入 Facebook 会拼命地加好友，但 Facebook 机制很严格，不能盲目大量加好友，一次 8 个以内为宜。第一批加入的好友很重要，一定要与自己的目标区域国家相关，接下来推荐匹配的联系好友信息才会与之相关。登录 Facebook 需要稳定的 IP 地址，频繁更换登录 IP，容易被封号。在 Facebook 发布信息要图文并茂，突出娱乐性与产品特色。使用该工具的时候有以下几个小建议：

①在自己的博客和网站上加上"关注 Facebook"的功能。

②找些陌生人当朋友，关注和评论他们，不要让账户像一个垃圾广告工厂。

③创建精美的产品页面。

④保持页面专业性的同时，也别忘了放两则短笑话。

⑤不要让页面变成单纯冰冷的广告页面，要让别人能从页面中找些新的内容出来。

（4）Linkedin

Linkedin（领英）是最大的职场社交媒体，可免费创建多个专业的企业主页与群组，展示企业与个人，还可以根据个人资历推荐添加好友，与之无任何交集的人很难建立联系，只有付费会员才能发送相关的联系信息。因为限制条件苛刻，所以会员之间信任度较高，一旦建立联系，就有可能会成为客户。

其他各国的主要社交平台以及新兴的社交平台，如 WhatsApp、Youtube、Instagram、TikTok 等。

3.利用各国的黄页商务网查找客户

各个国家和地区一般都有本地的黄页网站，例如，www. yellowpages. biz. pk 是个很不错的巴基斯坦黄页，可以在上面找到比较实在的客户。

表 1-3-2 是一些常用的黄页网站的网址。

表 1-3-2　各国黄页商务网

网址	名称
www. arabo. com	阿拉伯黄页网站
www. eniro. se	瑞典黄页网站
www. kellysearch. com	以目录搜索为主的国际商务平台
www. kompass. com	全球 B2B 买家企业数据平台
www. yellowpages. com. au	澳大利亚黄页网站

4.利用各国行业协会查找客户信息

一般来说，各国的行业协会的网站上都包含了制造商、经销商的相关信息。外贸业务员只要在搜索引擎中搜索"行业名称"+ Association，就可以查到自己产品的行业协会网站。例如,美国食品加工产业协会的网站是 www. gmabrands. com,计算机和通信工业协会的网站是 www. ccianet. org。

5. 利用商务部网站

通过商务部的网站 www. mofcom. gov. cn 可以查找到商务部驻外机构的信息。在网站上,商务部为广大出口商收集了世界各国进口商的资料和求购信息,并免费对中国出口商开放,如图 1-3-5 所示。

图 1-3-5　商务部网站搜索

(三)客户详细信息搜索

如果业务员在网上只能找到客户的公司名称或网址,却找不到客户的邮箱,那就无法通过电子邮件发送客户开发信,这时可以尝试以下 4 种方法,进一步查找客户的详细信息。

1. 利用网页源代码查找邮箱信息

在网页空白处点击右键,左键单击"查看网页源代码",也可以点击浏览器上方的"查看"按钮,查看源文件,如图 1-3-6 所示。

图 1-3-6　进入网页源代码查找客户邮箱

进入源代码页面后，按"Ctrl+F"键，在搜索框中输入@后按回车键查找，就可以查到邮箱信息了，如图1-3-7所示。

```
416 </div>
417 <div class="col-xs-12 col-sm-6 col-md-4 col-lg-4 padding-xs-top-10">
418 <div class="footer-links-header">Customer Care</div>
419 <div class="footer-links-item"><a href="/page.contact.us.php">Contact Us</a></div>
420 <div class="footer-links-item"><a href="/page.payments.php">Transaction Policy</a></div>
421 <div class="footer-links-item"><a href="/page.shipping.php">Shipping Policy</a></div>
422 <div class="footer-links-item"><a href="/page.returns.php">Returns</a></div>
423 <div class="footer-links-item"><a href="/account.orders.guest.php">Track Your Order</a></div>
424 <div class="footer-links-item"><a href="/login.php">Sign In</a></div>
425 <div class="footer-links-item"><a href="/register.php">Register</a></div>
426 <div class="footer-links-item"><a href="/account.orders.php">Order History</a></div>
427 </div>
428 <div class="col-xs-12 col-sm-6 col-md-4 col-lg-4 padding-xs-top-10">
429 <div class="footer-links-header">Contact Us</div>
430 <div class="footer-links-item"><a href="/page.contact.us.php">CellPhoneCases.com<br>20555 Devonshire St Unit 233<br>Chatsworth, CA 91311<br>info@cellphonecases.com<br>(747) 217-169
431 </div>
432 </div>
433 <div class="footer-payment-block col-12 col-lg-4 float-lg-right">
434 <div class="footer-links-header" style="padding-left : 15px;">Transaction Policy</div>
435 <a href="/page.payments.php"><img src="/va/tmpl/footer-cc-icons-825x102.png" border="0" style="padding : 15px;"></a>
436 </div>
437 </div>
```

图1-3-7　源代码页面的邮箱信息

2. 利用Whois网站查找企业详细信息

在www.whois.com网站上，可以利用Whois工具查找到客户信息。登录网站后，在搜索框输入要搜索的客户企业名称或者网址，如图1-3-8所示。

图1-3-8　Whois首页

在搜索框查找后，就可以看到客户的网络情况以及联系人、地址、电话、邮箱等信息，如图1-3-9所示。

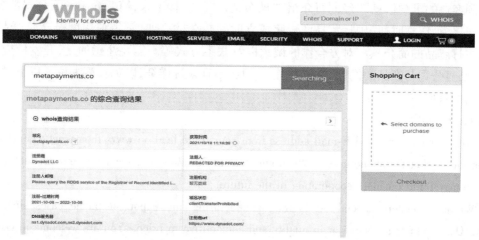

图1-3-9　Whois搜索企业详细信息

3. 利用"+@"组合搜索

如果已经找到目标客户的网站,但是网站中并没有出现邮箱,这时可以使用"+@"的搜索组合来查找客户的邮箱。例如找到卖手机壳产品的客户网站 https://lbuinc.com/,但是客户网站上并没有出现邮箱,可以在搜索引擎中输入"lbuinc + phonecases + @",特定查找联系人的邮箱。

4. 利用社交网络查找客户详细信息

利用社交网络也可以查找客户的详细信息,最常用的就是 Linkedin、Facebook 和 Google+。例如,在 Linkedin 上,只要找到客户公司,就可以查看公司里面各个职位的人的联系方式。

三、客户开发技巧

得到潜在客户的联系方式以后,接下来就要主动出击,吸引客户,争取贸易机会。写给客户的第一封信很重要,外贸上称之为"客户开发信"。

(一)开发信要有明确的主题

一个不明确的主题,会让客人根本没兴趣去打开陌生人的邮件。所以开发信的主题要言简意赅,直接吸引客人通过主题去点开邮件。有些人写邮件会这样设置主题:"We are the manufacturer of phone cases",又或者"Need cooperation",或者"Changsha … trading company Ltd"等,这些主题一看就知道是推销信,而且没有什么实质性的内容,客户可能不会打开就直接删除了。所以邮件的主题最好直接写入客户可能会感兴趣的产品名称和产品优势,从业务需求的角度去吸引他。例如,"CE Certified Phone Cases Factory Direct 10% Off",这个标题中同时包含了产品名称、产品品质证明(CE Certified)、产品供应商优势(Factory Direct)和产品价格优势(10% Off),简单明了,对客户更有吸引力。

(二)开发信的写作

在写开发信时,首先是说明获得客户联系方式的途径,以免唐突,比如"在某个 B2B 平台看到客户的求购信息""经同行介绍""展会结识"等。接下来,简要介绍一下公司情况,包括公司规模、成立时间(国际贸易商青睐成立时间较久的企业,觉得信用度较高)、产品(特别是主打产品的简介)、与对方合作的诚意以及联系方式等。需要注意的是,开发信应言之有物,凸显公司与产品的优势,提高吸引力,但也不宜太过详细,以免长篇大论。以下是一封开发信的范例。

Dear Mr. Kevin,

We get your name and E-mail address from your trade lead on www. thomasnet. com that you are in the market for phone cases. We would like to introduce our company and products, hope that we may build business cooperation in the future.

We are a factory specialized in the manufacturing and export of phone cases since year 2015. Our products are superior in quality and competitive in price. You are welcome to visit our website www. jinguan. com. cn, which includes our company profile, history and some latest designs.

Should any of these items be of interest to you, please let us know, we will be happy to give you details.

As a very active manufacturer, we develop new designs nearly every month. If you have interest in it, it's my pleasure to offer news to you regularly.

Best regards

Signature

请注意这封开发信的写法。作为初次联系的信件,它简洁明了,鲜明地展示了自己的特点:工厂直销、款式多、价格有竞争力,并暗示客户可以绕开中间商直接跟厂家合作。因为不知道客户的详情,所以特别强调有多种品质,这样无论对方是走精品路线还是廉价路线,都有洽谈的空间。

此外,并没有谈论太深,而是引导客户去访问自己的网站。最后再抛出诱饵,以不断提供新款设计信息为由吸引客户回复。这样的开发信,再随附一张展现琳琅满目、款式新颖的产品的照片,效果会更好。

当然,开发信要自己写,而不要抄书或者套用网上那种固定的范文,古板雷同的文字只会让客户反感。况且产品种类不同,写法也不一样,工艺品、日用消费品、时尚产品等的开发信不妨写得轻松活泼些,而对于工业或技术产品,开发信还是严谨专业些比较好。

此外,开发信不宜千篇一律,应根据客户公司的规模、国别、地区不同略作调整,在信件中适合的地方自然地点一下客户的公司名字,暗示这封开发信是专诚写给贵公司的,而不是群发的广告邮件。

(三)开发信的发送

开发信写好后,要以恰当的方式在合适的时间发送给客户。外贸业务员切忌使用国内常用的 QQ 邮箱、Sina 邮箱或者 163 邮箱等来发送开发信。一来这些域名邮箱可能已被客户设置为垃圾邮箱,二来这些邮箱会给外国客户一种陌生、不专业的感觉。所以外贸员最好用公司域名的企业邮箱来发送开发信,如果公司没有企业邮箱,那么最好注册一个 gmail 或者 hotmail 的邮箱作为和外国客户沟通的工具。

开发信的发送时间也很重要。客户上班打开邮箱后可能会收到十几封邮件,邮件越排在前面,客户打开看的概率就越高。因此在发送开发信时最好分地区发送,计算好时差,设置在公司上班前一小时左右把邮件发出,这样邮件自然会排在前面了。

【课后练习】

一、单项选择题

1.以下可以立即获得客户好感的方法是(　　)。

A.问候　　　　　　B.感谢与称赞　　　　　C.介绍　　　　　　D.以上都对

2.企业实行客户关系管理的目的是(　　)。

A.把握客户的消费动态

B.针对客户的个性化特征提供个性化服务,极大化客户的价值

C.做好客户服务工作

D.尽可能多地收集客户信息

3.仅仅有可能购买商品或服务的顾客称为(　　)。

A.潜在客户　　　　　B.准客户　　　　　C.目标客户　　　　　D.现实客户

4.客户收到开发信的时候一般最关注什么?(　　)

A.质量　　　　　　　B.交期　　　　　　C.价格　　　　　　D.付款条件

5.给同一个客户发开发信每月什么频率最好?(　　)。

A.1~2次　　　　　B.4~6次　　　　　C.2~4次　　　　　D.6~8次

6.可以利用的搜集客户信息的社交媒体平台是(　　)。

A.脸书　　　　　　　B.微博　　　　　　C.领英　　　　　　D.以上都是

二、多项选择题

1.常见的客户资料搜索策略有以下哪几种?(　　)

A.关键词法　　　　　B.逆向法　　　　　C.横向法　　　　　D.纵向法

2.客户信息查找的方法包括哪些?(　　)

A.利用搜索引擎查找客户

B.通过本行业的展会搜集客户信息

C.利用社交媒体搜集客户信息

D.利用商务部网站

3.撰写客户开发信时需要注意(　　)。

A.要有明确的主题

B.可以直接抄书或者套用网上那种固定的范文

C.需要明确获得联系方式的途径

D.以恰当的方式在合适的时间发送给客户

三、实操练习

郭茂的同学在经营全球速卖通账号,在双十一这天会有大卖活动,想请郭茂帮忙写一封促销信。请帮助郭茂以全球速卖通店家的身份给潜在买家写一封开发信(电子邮件),邀请客户关注11月11日的电子产品交易,包括LED显示器、电视等。

Dear Sirs,

If you are interested in electronics, you might like to check out the double 11 promotion for electronic products including LED Displays, TVs, etc.

Best Regards

×××

项目二　跨境电商支付

任务　跨境电商支付方式

一、跨境电商的国际支付

跨境支付有两大类：一是网上支付，包括电子账户支付和国际信用卡支付，此种支付方式比较适用零售小金额；二是银行汇款模式，适用大金额。信用卡和 PayPal 目前使用比较广泛，其他支付方式可以作为收款的辅助手段，尤其是 WebMoney、QiWi Wallet、CashU 对俄罗斯、中东、北非等地区的贸易有不可或缺的作用。

二、常用的跨境电商支付方式

（一）PayPal

PayPal 与支付宝类似，是美国 eBay 旗下的支付平台，是目前全球最大的网上支付公司。PayPal 致力于让个人或企业通过电子邮件，安全、简单、便捷地实现在线付款和收款。PayPal 账户是 PayPal 公司推出的最安全的网络电子账户，使用它可有效降低网络欺诈的发生。PayPal 账户所集成的高级管理功能，能轻松掌控每一笔交易的详情。目前，收款手续费是每笔成交额的 3.9% 再加上 0.3 美元的固定收费，这部分费用由卖家承担。如果每个月的成交额都能保证在 3 000 美元以上，就可以申请调低费率。此外，PayPal 还会收取每笔 35 美元的提现手续费。

PayPal 支付简单，更能体现出对买卖双方的公平性。外国客户可以直接在网站上进行支付或直接打钱到 PayPal 账户里面，方便快捷，省去了去指定银行打钱的麻烦，更符合外国人的网上购物方式。

1. PayPal 支付流程

付款人通过 PayPal 支付一笔金额给商家或者收款人时，可以分为以下几个步骤：

①只要有一个电子邮件地址，付款人就可以登录并开设 PayPal 账户，通过验证成为其用户。提供信用卡或者相关银行资料，可以增加账户金额，将一定数额的款项从其开户时登记的账户转移至 PayPal 账户，例如信用卡转移至 PayPal 账户下。

②当付款人启动向第三人付款程序时，必须先进入 PayPal 账户。指定固定的汇出金额，并提供收款人的电子邮件账号给 PayPal。

③PayPal 向商家或者收款人发出电子邮件,通知其有等待领取或转账的款项。

④如商家或者收款人也是 PayPal 用户,其决定接收后,付款人所指定的款项即转移给收款人。

⑤若商家或者收款人没有 PayPal 账户,收款人得依照 PayPal 电子邮件内容指示连线站进入网页注册取得一个 PayPal 账户。

从以上流程可以看出:如果收款人已经是 PayPal 的用户,那么该笔款项就会汇入他拥有的 PayPal 账户;如果收款人没有 PayPal 账户,网站就会发出一封通知电子邮件,引导收款者至 PayPal 网站注册一个新的账户。

2. PayPal 限制

关于 PayPal 账户限制的主要类型及应对措施有以下 4 个方面:

(1)新账户 21 天低限

新账户的限制很频繁,这是 PayPal 对新账户的审核。不需要提交任何资料,PayPal 会在审核结束后自动解限。如果账户是新注册的,遇到这种情况,只要耐心等待即可。

(2)临时审查限制

这种类型的限制大多会出现在多次收款之后的某一天。出现这种情况时,PayPal 需要了解用户的经营模式和产品信息。这时需要做出积极的回应,提供相应的资料,让 PayPal 了解用户所经营的产品,常见的资料包括信用卡证明、地址证明、供应商信息、发票等。

(3)风险审查类的限制

这类型的限制是从账户风险的审核引发的。账户的风险包括两方面:如果买家账户风险过高,PayPal 会自动退款,交易无法进行;如果是卖家,就需要考虑账户是否投诉率过高,是否短期内收款过多。

(4)高限

此类型的限制,同样来自高风险。高限的账户不能收款,不能付款。产品违规、投诉率过高都会导致高限产生。另外,一旦账户出现限制的情况,如果没有及时回应,限制会自动升级到高限,直至被封。所以卖家需要警惕,一旦账户出现限制情况,必须第一时间在账户中做出积极回应,按要求提交资料。

(二)Escrow

Escrow 即国际支付宝。国际支付宝由阿里巴巴与支付宝联合开发,是为了保护国际在线交易中买卖双方的交易安全所设的一种第三方支付担保服务,如果已经拥有国内支付宝账户,只需绑定国内支付宝账户即可,无须再申请国际支付宝账户。

国际支付宝的服务模式与国内支付宝类似。交易过程中先由买家将货款打到第三方担保平台的国际支付宝账户中,然后第三方担保平台通知卖家发货,买家收到商品后确认,货款放给卖家,至此完成一笔网络交易。

全球速卖通和阿里巴巴国际站的客户,可以通过 Escrow 进行在线支付,目前不收取任何手续费,但是提现美元时,每笔会收取 20 美元的提现费。

国际支付宝支持多种支付方式,如信用卡、T/T(电汇)、Moneybookers 和借记卡。

国际支付宝的第三方担保服务是由阿里巴巴国际站同国内支付宝联合支持提供的。在使用上,只要卖家有国内支付宝账户,就无须再另外申请国际支付宝账户。登录 My alibaba 后台(中国供应商会员),或我的速卖通后台(普通会员),就可以绑定国内支付宝账户来收取货款。

支付宝英文名称的变化对收款影响不大,但是需要理解以下两点,以便更好地同买家沟通:

①国际支付宝是一种第三方支付担保服务,而不是一种支付工具。

②在阿里巴巴的全球速卖通平台上的买家页面,已经用 Escrow 代替 Alipay,所以在产品发布时不能再出现 Alipay 一词了。在产品发布时,可以使用类似的措辞:we accept the payment methods provided by Aliexpress Escrow。

(三)西联

西联(Western Union)是世界领先的特快汇款公司,国际贸易主流支付方式,大额交易更方便。如果买家使用此方式支付,会产生一定的转账手续费用,此外,银行提现也需要一定的提现费用。

西联拥有全球最大最先进的电子汇兑金融网络,服务网点覆盖全球 200 个国家和地区。其缺点表现为以下 3 个方面:

①先付款后发货,外国人容易产生不信任感。

②客户群体小,限制商家的交易量。

③大额交易手续费高。

(四)T/T

T/T 是目前国际贸易主流支付方式,是由汇款人以定额本国货币,交于本国外汇银行换取定额外汇,并填写收款人的姓名和地址,再由承办银行(汇出行)发加押电报式电传给另一个国家的分行或代理行(汇入行),指示解付给收款人的一种付款方式。T/T 具有传递速度快、准确性高、收汇方便等优点。它最显著的特点是快捷安全,适用于汇款金额大、汇款急的项目,但银行手续费用相对较高。

(五)信用卡

买家可以使用 VISA(维萨)、Master Card(万事达卡)对订单进行支付。如果买家使用此方式进行支付,平台将会对订单款项按照买家付款当天的汇率结算成人民币对卖家进行支付。

在亚马逊开设网店需要提供信用卡资料,并通过信用卡收付款。使用信用卡支付安全、快捷、方便。表 2-1-1 列明了亚马逊平台使用的主要的信用卡及其提现成本。

表 2-1-1 信用卡分类

名称	Skyee	Payoneer	WorldFirst	PingPong
提现人民币	√	√	√	√
注册费	0	0	0	0
入账费	0	0%～1%	0	0
提现费用	0.8%	1%～2%	1%～2.5%	1%
年费	无	200USD 200EUR 200GBP	100USD 500EUR 500GBP	50USD
汇率	中行 10 点现汇买入价	中行实时现汇买入价	不固定	中行实时现汇买入价
支持币种	欧元	美元、欧元、英镑、日元	美元、欧元、英镑、日元	美元
提现速度	1～3 个工作日	1～3 个工作日	1～3 个工作日	1 个工作日

（六）Moneybookers

Moneybookers 是一个欧洲的电子钱包公司而且集成了 50 多种支付方式,是欧洲一种主流的支付服务商,是世界上第一家被政府官方所认可的电子银行。它的优势在于只要有 E-mail 地址就可以注册,不需要信用卡。

（七）借记卡支付

国际通行的借记卡外表与信用卡一样,并于右下角印有国际支付卡机构的标志,它通行于所有接受信用卡的销售点,唯一的区别是当使用借记卡时,用户没有 Credit Line(信用额度),只能用账户里的余额支付。

【课后练习】

一、单项选择题

1. 买家通过什么方式付款后需要卖家进行验款?(   )

A. Webmoney   B. Master Card   C. VISA   D. T/T

2. PayPal 收款手续费是(   )。

A. 成交额的 2.9%   B. 成交额的 3.9%

C. 成交额的 3.9% 加 0.3 美元   D. 35 美元

3. 世界上第一家被政府官方所认可的电子银行是(   )。

A. Webmoney   B. Moneybookers   C. Western Union   D. 支付宝

4.以下关于国际支付宝的理解不正确的是(　　　)。

A.国际支付宝是一种支付工具

B.支持多种支付方式

C.由阿里巴巴与支付宝联合开发

D.是一种第三方支付担保服务

二、多项选择题

1.信用保障体系支持的付款方式有哪些?(　　　)

A.信用卡　　　　　　B.T/T　　　　　　C.西联　　　　　　D.支付宝

2.国际支付宝支持以下哪几种支付方式?(　　　)

A.信用卡　　　　　　B.T/T　　　　　　C.Moneybookers　　D.借记卡

3.电汇的特点有(　　　)。

A.传递速度快,准确性高

B.适用于汇款金额大,汇款急的项目

C.银行手续费用较高

D.收汇方便

三、实操练习

打开 IE 浏览器,输入 https://www.paypal.com/进入 PayPal 首页,注册一个 PayPal 个人账户。

项目三 国际物流选择

任务一 国际物流介绍

【学习目标】

知识目标:了解跨境电商的国际物流主要种类,各种物流的重量和体积要求,运送时效,各种物流优缺点等情况;了解跨境电商各种国际物流的特点;掌握国际物流选择的基本原则。

能力目标:能够根据包裹的特点选择合适的物流储运;能根据物流单号跟踪查询国际物流包裹运输进展。

思政目标:将中国特色社会主义建设下的我国交通运输网络展现给学生,通过跨境电商、商贸物流中心建设等产业项目,感受到时代前进的步伐,增强学生的民族自豪感和对自由贸易区建设的积极探索。

【工作情景】

跨境电商业务中国际物流的选择很重要,物流选择直接影响到订单的履行成本和客户的购物体验,从而影响店铺的后续经营。意识到物流的重要性,郭茂开始了解跨境电商各种国际物流的情况。

国际物流是指当生产、消费分别在两个或两个以上的国家(或地区)独立进行时,为了克服生产和消费之间的空间间隔和时间间隔,将货物(商品)进行物流性移动的一项国际商品交易或交流活动。

在跨境电商贸易中,国际物流就是一个支撑者,出口商品通过物流到达购买者手中,完成跨境电商最核心的货物交付部分。目前跨境电商的国际物流主要有4种:邮政物流、商业快递、专线物流和海外仓储模式。

一、邮政物流

中国邮政物流根据运营主体不同分为两大业务种类:一个是中国邮政小包和大包;另一个是中国邮政速递物流分公司的 EMS(邮政特快专递服务)和 ePacket(国际 E 邮宝)业务方式。两者运营的主体不同,包裹的收寄地点也不同。

（一）中国邮政航空小包

中国邮政航空小包（China Post Air Mail）又称中邮小包、空邮小包、航空小包以及其他以收寄地市局命名的小包。如上海小包、宁波小包。它包含挂号和平邮两种服务。中国邮政挂号小包需要加挂号费每单 8 元，提供网上跟踪查询服务。两种物流方式资费计算公式如下：

平邮资费：标准资费×实际重量×折扣＝总额

挂号资费：标准资费×实际重量×折扣+挂号费 8 元＝总额

由于价格便宜，投递方便，清关能力强，能邮寄的物品比较多，中国邮政小包是当前中国跨境电商卖家选择的主要物流方式。

1. 中邮小包的体积和重量限制

包裹的重量限制在 2 kg 以内（到阿富汗为 1 kg 以内）。

体积大小：非圆筒货物，长加宽加高小于等于 90 cm，单边长度小于等于 60 cm，长度大于等于 14 cm，宽度大于等于 9 cm；圆筒形货物，直径的两倍加长度小于等于 104 cm，单边长度小于等于 90 cm，直径的两倍加长度大于等于 17 cm，长度大于等于 10 cm。

2. 时效

中邮小包的时效为 15~60 天。到土耳其、新西兰、北欧等国家较快，12~15 天；到西班牙、加拿大、澳大利亚一般为 30~45 天；到巴西等南美国家非常慢，发货高峰期甚至派送时间会超过 60 天。

3. 跟踪查询

平邮小包不受理查询。挂号小包大部分国家可全程跟踪，部分国家只能查询到签收信息，部分国家不提供信息跟踪服务。如寄到澳大利亚的包裹，只能查到中国境内的追踪信息。

4. 中邮小包的优缺点

优点：运费经济便宜，可以送达 220 多个国家和地区的各个邮政网点，货代服务发达，折扣优惠。走邮政包裹通道，可以最大限度地避免关税。

缺点：运输时间长 12~60 天；丢包率高，丢包后赔偿响应慢，且申请赔偿成功概率不高。

（二）中国邮政大包

中国邮政大包又称中国邮政航空大包，即 China Post Air Parcel，俗称航空大包或中邮大包。但事实上，中国邮政大包除了航空大包外，还包括水路运输的大包。中邮大包可寄达全球 200 多个国家，价格低廉，清关能力强。对时效性要求不高的货物可选择使用此方式发货。

1. 中国邮政大包的体积和重量限制

中邮大包体积和重量的限制，根据运输物品的重量及目的地国家而有所不同。参照网址 https://11185.cn。

2. 中邮大包的优缺点

优点：最显著的特点就是成本低，尤其是该方式以首重 1 kg，续重 1 kg 的计费方式结算，价格比 EMS 低且和 EMS 一样不计算体积重量,没有偏远附加费,较商业快递有绝对的价格优势。中邮大包可通达全球大部分国家和地区,且清关能力强。中邮大包的运单简单,操作方便。

缺点:部分国家限重 10 kg,最重也只能 30 kg,妥投速度慢且查询信息更新慢。

(三)国际 E 邮宝

国际 E 邮宝,亦属于 EMS 业务,是中国邮政为适应国际电子商务寄递市场的需要,为中国电商卖家量身定制的一款全新经济型国际邮递产品。提供该服务的为中国邮政速递物流公司,是中国邮政集团公司直属全资公司,主要经营国际和国内 EMS 特快专递业务。目前,该业务限于为中国电商卖家寄件人提供发向美国、加拿大、英国、法国和澳大利亚的包裹寄递服务。

1. 国际 E 邮宝的体积和重量限制

国际 E 邮宝和香港国际小包一样,是针对轻小物品的空邮产品,限 2 kg 以内空邮产品(以色列 3 kg 以内)。

国际 E 邮宝的重量限制单件最高限重 2 kg。体积限制:单件的最大尺寸长宽高合计不超过 90 cm,最长一边不超过 60 cm。圆卷邮件直径的两倍和长度合计不超过 104 cm,长度不超过 90 cm。单件邮件长度不小于 14 cm,宽度不小于 11 cm。圆卷邮件直径的两倍和长度合计不小于 17 cm,长度不少于 11 cm。

2. 国际 E 邮宝的优缺点

优点:时效快,正常情况下 7~10 个工作日即可完成妥投,在国内段使用 EMS 网络进行发运,且费用便宜。

缺点:只适合 2 kg 以内的货物,不受理查单业务,不提供邮件丢失、延误赔偿。少数国家的挂号费较贵,不适合运输重量特别轻的商品,运价不够经济。

(四)EMS 邮政快递

EMS,即 Express Mail Service,邮政特快专递服务。它是中国邮政提供的一种快递服务。提供该服务的是中国邮政速递物流公司,是中国邮政集团公司直属全资公司,主要经营国际和国内 EMS 特快专递业务。EMS 国际快递是中国邮政联合各国邮政开办的一项特殊邮政业务。该业务在各国邮政、海关、航空等部门均享有优先处理权,这是 EMS 区别于很多商业快递的最根本的地方。

1. EMS 的体积和重量限制

EMS 的体积和重量限制可以参考网站 www.ems.com.cn。

2. EMS 的优缺点

优点:国际 EMS 快递通关能力强,发名牌产品如电池手机、MP3、MP4 等产品相对比较有优势;货物不计体积,适合发体积大、重量小的货物,无燃油附加费及偏远附加费;实效性优于邮政大包,原则上 3~15 天到达全球各目的地,相对而言往俄罗斯等国家有优势。

缺点:EMS 相对于商业快递而言,速度会偏慢些,查询网站信息相对滞后,一旦出现问题,只能做书面查询,查询时间较长,不能一票多件,大货价格相对偏高。

二、商业快递

(一)FedEx

FedEx 全称 Federal Express,即联邦快递,是全球最具规模的快递运输公司,隶属于美国联邦快递集团。FedEx 发货有 FedEx IP 服务和 FedEx IE 服务。FedEx IP 服务为优先型服务,舱位有保障,享有优先安排航班的特权,时效也有保障。FedEx IE 服务为经济型服务,价格相对较实惠,但是时效相对 FedEx IP 较慢。

1. 体积和重量限制

单边最长边不能超过 274 cm,最长边加其他两边的长度的两倍不能超过 330 cm。一票多件,其中每件都不能超过 68 kg,单票的总重量不能超过 300 kg,超过 300 kg 需要提前预约,单件或者一票多件包裹,有超过 65 kg 的也需要提前预约。

2. 运费

联邦快递的运费标准最终以其官方网站(www.fedex.com)公布为准。

联邦快递的体积重量(kg)计算公式为长(cm)×宽(cm)×高(cm)除 5 000,如果货物体积重量大于实际重量,则按体积重量计算。

3. 实效与跟踪查询

FedEx IP 服务的派送正常时效为 2~5 个工作日(此时间为快件上网至收件人收到此快件的时间),派送时间需根据目的地海关通关速度决定。

4. 优缺点

优点:适合走 21 kg 以上的大件。东南亚价格及速度最具优势,到南美洲的价格也较为有竞争力,时效较快,一般 3~7 天可以到达,网站信息更新快,覆盖网络全,查询响应快,速卖通线上发货折扣非常优惠。

缺点:价格较贵,需要考虑货物体积,对托运物品限制也比较严格,收偏远附加费。

(二)UPS

UPS 全称是 United Parcel Service,即联合包裹服务公司,于 1907 年成立于美国华盛顿西雅图,全球总部现位于美国佐治亚州亚特兰大市,是世界上最大的快递公司。

1. UPS 的 4 种服务种类

大部分 UPS 的货代公司都提供 UPS 旗下主打的 4 种快递服务,包括:

①UPS Worldwide Express PLUS(全球特快加急),资费最高。

②UPS Worldwide Express(全球特快)。

③UPS Worldwide Saver(全球速快),也就是所谓的红单。

④UPS Worldwide Expedited(全球快捷),这就是所谓的蓝单,时效最慢,资费最低。

在 UPS 的运单上,前 3 种方式都用红色标记,最后一种用蓝色标记。通常所说的红单,是指全球速快。

2. 体积和重量限制

UPS 国际快递小型包裹一般不递送超过重量和尺寸标准的包裹。若 UPS 国际快递接收该类货件,则将对每个包裹收取超重/超长附加费 378 元人民币。

体积和重量标准:每个包裹的最大长度为 270 cm,每个包裹的最大尺寸为:长度+周长 = 330 cm,周长 = 2×(高度+宽度);每个包裹的最大重量为 70 kg。

3. 运费

资费标准以 UPS 网站(www.ups.com)公布为准。

一票多件货物的总计费重量,依据运单内每个包裹的实际重量和体积重量中较大者计算。不足 0.5 kg,按照 0.5 kg 计算,超出 0.5 kg 不足 1 kg 的以 1 kg 计算。每票货物的计费重量为每件包裹的计费重量之和。

4. 时效

UPS 派送参考时间为 3~7 个工作日。如遇海关查车等不可抗拒因素,则以海关放行时间为准。

5. 优缺点

优点:速度快,一般 2~4 日可以送达,特别是美国、加拿大、南美、英国、日本等国家;运送范围广,可送达全球 200 多个国家和地区;查询网站信息更新快,遇到问题及时解决;可在线发货,我国 109 个城市提供上门取货服务。

缺点:运费较贵(但速卖通线上发货,可享受较大的折扣优惠),有时会收偏远附加费和进口关税,增加买家负担,并且需要计算体积重量。

(三)DHL

DHL(敦豪国际航空快递公司)是德国邮政全资子公司,总部设于布鲁塞尔,是四大国际商业快递之一。

1. 体积和重量限制

大部分国家的包裹要求为:单件包裹的重量不超过 70 kg,单件包裹的最长边不超过 1.2 m。但是部分国家要求不同,具体以 DHL 官方网站(www.dhl.com)公布为准。

2. 运费

资费标准详见 DHL 官网。DHL 的体积重量(千克)计算公式为:长(cm)×宽(cm)×高(cm)/5 000。如果货物体积重量大于实际重量,则按体积重量计算。

3. 时效与追踪查询

DHL 派送时效为 3~7 个工作日(清关等特殊情况除外),可实现全程信息可追溯。

4. 优缺点

优点:去西欧北美有优势,适宜走小件,可送达国家网点比较多;时效快,一般 2~3 个工作日可送达;查询网站信息更新快,遇到问题解决速度快。

缺点:价格贵。适合发 5.5 kg 以上或者 21~100 kg 的货物;对托运货物的限制比较严格;物品描述需要填写实际品名和数量,不接受礼物或样品申报。

（四）TNT

TNT（中外运天地快件有限公司）集团总部位于荷兰，是四大国际商业快递公司之一。

1. 体积和重量限制

单件包裹重量不能超过 70 kg，3 条边长度分别不能超过 2.40 m×1.50 m×1.20 m。

2. 运费

TNT 快递运费包括基本运费和燃油附加费两部分，其中燃油附加费每个月都会有变动，以 TNT 网站（www.tnt.com）公布数据为准。

运费要考虑体积重量。体积重量（kg）计算公式为：长（cm）×宽（cm）×高（cm）/5 000，如果货物体积重量大于实际重量，则按体积重量计算。

3. 时效

全程时效一般在 3~7 个工作日。

4. 优缺点

优点：速度快，通关能力强。

缺点：价格较高，计算体积重量，偏远地区需要加偏远附加费。

（五）TOLL

TOLL 环球快递，又名拓领快递，是澳大利亚 Toll Global Express 公司旗下的快递业务。到澳大利亚以及泰国、越南等亚洲地区的价格较有优势。

1. 体积和重量限制

包裹的重量限制为 15 kg。单件货物的任何一边长度超过 1.2 m，就需要另外增加每票 200 元人民币的操作费。

2. 运费

TOLL 快递运费包括基本运费和燃油附加费两部分。其中燃油附加费每个月变动，具体以网站（www.tollgroup.com）公布数据为准。

首重和续重均为 0.5 kg。体积重量的计算公式为：体积重量（kg）＝ 长（cm）×宽（cm）×高（cm）/5 000，如果货物体积重量大于实际重量，则按体积重量计算。

3. 时效

到澳大利亚东南亚的派送时效为 3~7 个工作日；到美国、加拿大、欧洲为 6~10 个工作日；南美和中东为 8~15 个工作日。

4. 优缺点

优点：适合运往澳大利亚、东南亚一带国家的货物，运价较经济，速卖通线上发货给予较大的优惠折扣。

缺点：计算体积重量，需要收取偏远附加费。相对而言，到欧洲和美洲的货物时效慢且不经济。

三、专线物流

专线物流是只针对某个指定国家的一种专线递送方式，它的特点是货物送达时间基本固定。如到欧洲英、法、德5~6个工作日,到俄罗斯15~20个工作日。100 g 或 500 g 一个单位,按具体线路计费。运费较传统国际快递便宜,同时可以保证清关便利。

全球速卖通平台上的专线物流有中东专线、中俄专线和其他专线。如到俄罗斯的专线有速邮宝、芬兰邮政小包、中俄航空、中俄快递,到西班牙的有中外运——西邮经济小包等。这些专线的共同特点是运费比普通邮政包裹便宜,清关能力比普通邮政包裹强,运达速度快。因此,若有到达目的地国家的专线可以首选物流专线。

四、海外仓模式

海外仓模式,即电子商务企业提前将货物报关,统一将货物发至他国境内的仓库,待该国消费者需要购买该商品时,再将货物发往消费者的物流模式。海外仓模式是针对广大电子商务卖家的需求,为卖家提供的国外仓储、分拣、包装、派送等项目的一站式服务。卖家将货物通过海运空运或快递等方式存储到国外仓库。当买家有需求时,卖家可以第一时间做出快速响应,及时通知国外仓库进行货物的分拣包装,并且从该国仓库运送到其他地区或者国家,减少了物流响应的时间。同时,结合国外仓储当地的物流特点,可以确保货物安全、准确、及时、低成本地到达终端买家手中,从而缩短订单周期,完善用户体验,提升重复购买率。

(一)经营步骤

中国卖家通过海运、空运或者快递等方式,将商品集中运往海外仓储中心进行存储,并通过物流承运商的库存管理系统下达操作指令。

步骤1:卖家自己将商品运至海外仓储中心,或者委托承运商将货发至承运商海外的仓库。这段国际货运可采取海运、空运或者快递方式到达仓库。

步骤2:卖家在线远程管理海外仓储。卖家使用物流商的物流信息系统,远程操作海外仓储的货物,并且保持实时更新。

步骤3:根据卖家指令进行货物操作。根据物流商海外仓储中心自动化操作设备,严格按照卖家指令对货物进行存储、分拣、包装、配送等操作。

步骤4:系统信息实时更新。发货完成后系统会及时更新,显示库存状况,让卖家实时掌握。

(二)海外仓储费用

海外仓储费用=头程费用+仓储及处理费+本地配送费用

1. 头程费用

货物从中国到海外仓库产生的运费。

2. 仓储及处理费

客户货物存储在海外仓库和处理当地配送时产生的费用。

3. 本地配送费用

本地配送费用是指在美国、澳大利亚和欧洲对客户商品进行配送时产生的本地快递费用。

（三）海外仓的种类

根据运营主体不同,海外仓分为自营海外仓和第三方公共服务海外仓。

1. 自营海外仓

自营海外仓模式是指由出口跨境电商企业建设并运营的海外仓库,仅为本企业销售的商品提供仓储、配送等物流服务的物流模式。整个跨境电商物流体系是由出口跨境电商企业自身控制的,类似国内京东物流体系、苏宁物流体系。

2. 第三方公共服务海外仓

第三方公共服务海外仓模式是指由第三方物流企业建设并运营的海外仓库,并且可以为众多的出口跨境电商企业提供清关、入库质检、接收订单、订单分拣、多渠道发货、后续运输等物流服务的物流模式。整个跨境电商物流体系是由第三方物流企业控制的,类似国内淘宝物流体系。

（四）海外仓储的优缺点

优点:派送时效快。海外仓发货就相当于只是将货物从海外仓以国内快递的速度送达买家处,派送时效快可以增加买家良好的购物体验。另外,也可以降低成本,大批量货物以海运等方式运往海外仓,可以极大地减少头程运费,降低成本。

缺点:会增加海外仓储的处理费,若销售数量控制不好,产生产品滞销,那么在海外仓的仓储成本就会急剧上升,反而对经营成本不利。

【课后练习】

一、单项选择题

1. 物流是导致买家提起纠纷的主要原因之一,为了避免这类纠纷,下列说法错误的是（　　　）。

A. 针对"双十一"、圣诞节、黑色星期五等特殊物流崩溃时间段,可适当延长承诺运达时间

B. 针对不同类型产品和不同情况应设置多套运费模板

C. 买家提起纠纷往往是因为物流时效慢,建议都选用 DHL、TNT 等时效快的物流方式

D. 多与买家沟通,将实时物流信息发送给买家

2. FedEx IP 服务的派送正常时效为（　　　）个工作日。

A. 2 ~ 5　　　　　　　B. 3 ~ 7　　　　　　　C. 7 ~ 10　　　　　　　D. 10 ~ 15

3. 下列不属于国际支付宝支持的物流方式是（　　　）。

A. UPS　　　　　　　B. DHL　　　　　　　C. 海运　　　　　　　D. 中国邮政

4. DHL 单件包裹的重量不超过（　　　）kg,单件包裹的最长边不超过（　　　）m。

A. 50；1　　　　　　　B. 50；1.2　　　　　　C. 70；1　　　　　　　D. 70；1.2

二、多项选择题

1. 专线物流的特点有（　　　）。

A. 运费较传统国际快递便宜　　　　　　　B. 清关能力比普通邮政包裹强

C. 运达速度快　　　　　　　　　　　　　D. 货物送达时间基本固定

2. 海外仓储经营模式包括(　　)。

A. 卖家将商品运至海外仓储中心,或者委托承运商将货发至承运商海外的仓库

B. 卖家在线远程管理海外仓储

C. 根据卖家指令进行货物操作

D. 系统信息实时更新

3. 以下哪种物流方式属于国际快递?(　　)

A. UPS　　　　　　　B. FedEx　　　　　　C. DHL　　　　　　D. TNT

三、实操练习

郭茂收到法国客人的寄样请求并支付了 100 美元样品费,要求样品。电脑零件样品共 1 箱,重量 12 kg,体积 35 cm×30 cm×35 cm。法国客人的邮编是:75020。

请以寄件人的身份分别向 DHL、TNT、FedEx 咨询运费以及样品送达时间并选择最优的物流方案。

四、案例分析

跨境购物带动物流"出海"　京东海外仓持续发力

随着生活水平的提高以及消费升级,人们对品质的需求也水涨船高。在"一带一路"倡议下,如今消费者进行跨境购物已经不是新鲜事儿,由此产生的跨境物流也发展得风生水起。

尤其是近两年,网络电商的快速发展,带动了跨境电商市场的不断扩容,跨境物流碎片化和国际化趋势愈发明显,物流行业也纷纷走向海外。从下单到收货,全程轨迹追踪、产品溯源等信息都在考验着物流企业的整体布局以及技术实力。

而京东物流作为国内电商物流领域的领头羊之一,在"出海"方面也早有筹谋。经过这几年的发展,京东物流国际供应链目前已在五大洲设立超过 110 多个海外仓,原产地覆盖达到 100%。通过海外仓进行供应链前置,能够避免增加商品不必要的物流成本,在原产地即开启商品的溯源追踪,也为打击假货和用户的购物安全提供了保障。同时,这些海外仓也对外开放,帮助商家全球备货,给消费者更多进口商品选择的同时,也更便于库存管理。

在 2018 年 618 年中大促期间,京东物流海外仓的全面升级,不仅为 618 全球购保障了物流运力,还将国际供应链的"点、线、网"串联打通,缩短与全球商品的距离。

京东数据显示,截至 6 月 18 日 24 点,累计下单金额达到 1 592 亿元,其中京东物流跨境出口单量在 618 当天第一个小时即超过 2017 年全天单量,送至海外的订单量同比增长了近 6 倍。

对此业内人士分析表示,京东物流强大的电商属性,赋予了海外仓数据分析与挖掘、精准预测市场需求、智慧路由分配最优运输线路等功能来提升海外仓备货、运货的效率。

随着京东物流海外仓的逐步落地,以及取得的显著成效,近日京东又再次提出了进一步规划。外媒消息称,京东集团副总裁黄星在东方经济论坛期间表示,京东希望未来在全球 30 个国家设立大概 30 个国际供应链节点,核心目标是实现 48 小时之内中国能够通达全球,且

该计划应在 2~3 年内完成。

其实,京东物流在全球范围内的布局一直在进行,只是这一次黄星将这一目标更加明确化。显然,这一目标并不是说说而已。9 月 10 日,京东在东南亚地区最先进、最完整的智能仓储物流中心在泰国正式建成。

据悉,这一物流中心集成了仓储、分拣、运输、配送在内的一整套供应链服务体系,为中国品牌"走出去"提供一站式的物流服务,这也是京东物流搭建全球供应链基础网络的重要落地。

除了泰国以外,俄罗斯或将成为下一个重要市场。黄星表示,"俄罗斯对我们来说是非常重要的市场,在俄设立物流枢纽的具体时间还在规划当中"。不过目前尚未选好将在俄罗斯境内建设的物流枢纽的位置。

有观点表示,京东物流的国际化战略既体现了其长远发展的眼光,也体现出京东物流的长尾价值。对于国内其他物流企业来说,这是一个不错的借鉴。不过在自身发展过程中,仍需结合实际情况采取措施,单纯地随波逐流并不能带来积极的结果。

（资料来源:工控之家网,2018-09-13.）

问题:结合案例分析京东布局海外仓为其带来了哪些好处。

任务二　常见国际快递运费计算

【学习目标】

知识目标:了解不同运输方式下物流的计算原则,掌握国际物流运费的计算方法。

能力目标:能够完成国际物流运费的计算,选择最优物流方案。

思政目标:数字的小误差对跨境贸易会产生较大的影响,鼓励学生养成一丝不苟的职业态度和细致谨慎的职业精神。

【工作情景】

郭茂要发一单货到德国,产品包装后的包裹重量为 0.5 kg,长、宽、高为 30 cm×20 cm×10 cm,货运代理给予的运费折扣率为 9 折,郭茂计划通过中邮小包发送货物。他需要明确不同物品到达目的地国家的运费的计算方式,为后面的定价做好准备。

一、运费计算基本概念

（一）计费重量单位

特快专递行业一般以每 0.5 kg 为一个计费重量单位。

（二）首重与续重

特快专递货品的寄递以第一个 0.5 kg 为首重(或起重),每增加 0.5 kg 为一个续重。通常起重的费用相对续重费用高。

（三）实重与材积

实重是指需要运输的一批物品包括包装在内的实际总重量。

材积又称体积重量，是指当需寄递物品体积较大而实重较轻时，因运输工具（飞机、火车、轮船、汽车等）承载能力所限，需采取量取物品体积折算成重量的方法作为计算运费的重量，称为体积重量或材积。

体积重量大于实际重量的物品称为轻抛物。

（四）计费重量

按实重与材积两者的定义和国际航空货运协会的规定，货物运输过程中计收运费的重量是按整批货物的实际重量和体积重量两者之中较高的计算。

（五）包装费

一般情况下，快递公司免费包装，提供纸箱、气泡等包装材料，很多物品如衣物，不需要特别仔细包装，但一些贵重、易碎物品，快递公司还是要收取一定包装费用。

（六）通用运费计算公式

①当需寄递物品实重大于材积时，运费计算方法为：

$$运费 = 首重运费 + [重量(kg) \times 2 - 1] \times 续重运费 \qquad (1)$$

例题：5 kg 货品按首重 150 元，续重 30 元计算，则运费总额为 $150 + (5 \times 2 - 1) \times 30 = 420$ 元。

②当需寄递物品实际重量小而体积较大，运费需按材积标准收费，然后再按上述公式计算运费总额。求取材积计算方法为：

$$规则物品：长(cm) \times 宽(cm) \times 高(cm) / 6\ 000 = 重量(kg)$$
$$不规则物品：最长(cm) \times 最宽(cm) \times 最高(cm) / 6\ 000 = 重量(kg)$$

③国际快递有时还会加上燃油附加费等，此时需要在公式（1）的结果上加：运费×燃油附加费率，一般燃油和运费一起打折。

（七）总费用

国际物流要通过不同国家海关，所以有时候还会有一笔固定的清关费。有时候客户地址过于偏远也还会有偏远附加费等。总的物流费用计算公式为：

$$总费用 = (运费 + 燃油附加费等) \times 折扣 + 包装费用 + 其他不确定费用$$

［例题］ 某公司想邮寄 21 kg 普通货物包裹从上海到德国，总运费是多少？

答：公司选择某快递 A，首重 0.5 kg 260 元，续重 0.5 kg 60 元，燃油附加费 10%，折扣为 8 折，计算如下：

$$运费 = 260 + (21 \times 2 - 1) \times 60 = 2\ 720(元)$$

总费用=2 720×(1+10%)×80%=2 393.6(元)

二、中邮挂号小包运费

中邮挂号小包运费=(重量×单位价格×折扣率)+挂号费

中邮平常小包运费=重量×单位价格×折扣率

注意:中邮小包的最低收费为500 g,即首重为500 g,如果包裹重量轻于500 g,则按500 g计算。

〔**例题**〕 杭州万向纺织品进出口公司要发送一件货物到新西兰,选择中邮挂号小包,运费是85 元/kg,挂号费为8 元,该卖家从货代拿到的折扣是9 折,包裹的重量为0.3 kg,长、宽、高为20 cm×20 cm×10 cm。请回答以下问题:

①请判断此包裹是否符合中邮小包的体积和重量限制要求。

②如果符合中邮小包的体积重量要求,请计算该包裹的运费。

答:①符合中邮小包的体积和重量限制。

②中邮挂号小包运费=(重量×单位价格×折扣率)+挂号费=0.3×85×0.9+8=30.95 元。

三、E 邮宝的运费计算

E 邮宝运费=单位运价×重量×折扣率+处理费

〔**例题**〕 郭茂需要发送一包货物到美国,包裹的重量为1.3 kg,体积为35 cm×20 cm×15 cm,选择E 邮宝没有获得折扣率,请你帮他计算所需运费。

答:查E 邮宝运价表得知,美国的运价是76 元/kg,处理费每件10 元,则该包裹的运费=单位运价×重量×折扣率+处理费=76×1.3×1+10=108.8 元。

四、EMS 的运费计算

EMS 运费=首重价格+续重价格×续重个数

续重个数=(包裹重量−500)/500

〔**例题**〕 有个法国客户买了一个大睡袋,包裹重量为2.55 kg,体积为45 cm×30 cm×30 cm,郭茂打算用EMS 发货,货代给的运费折扣是4.3 折。计算该包货物的EMS 运价。

答:查EMS 运价表,该包裹2 550 g,按首重500 g 280 元,续重500 g 75 元计算,续重个数=(2 550−500)/500=4.1 ,包裹EMS 运费=(280+5×75)×0.43=281.65 元。

五、中邮大包的运费计算

中邮大包以首重1 kg,续重1 kg 的计费方式结算。

中邮大包运费=首重价格+续重价格×续重个数

〔**例题**〕 有个澳大利亚客户买了一个人形娃娃,包裹重量为4 kg,体积为50 cm×30 cm×160 cm,郭茂打算用中邮大包发货,无运费折扣。计算该包货物的中邮大包运价。

答:查中邮大包运价表,该包裹4 000 g,按首重1 000 g 运费为140 元,续重1 000 g 70 元计算,续重个数=(4 000−1 000)/1 000=3,包裹的中邮大包运费=首重价格+续重价格×续重个数＝140+70×3＝350 元。

[**例题**]　公司有一个包裹要寄往加拿大买家,该包裹的重量是 2.6 kg,体积为 40 cm×25 cm×10 cm,郭茂需要了解:

①该包裹是否能选择中邮小包发送?

②假定从货代处取得大包运费的折扣率为 9 折(具体折扣率可以跟邮政和货代公司协商),如果选择中邮航空大包,则该包裹的运费应该是多少?

答:①不能选择中邮小包,因为包裹重量为 2.6 kg,不满足中邮小包对于重量小于等于 2 kg 的重量限制。

②中邮大包的运价按首重 1 kg,续重 1 kg 的计费方式结算,续重不满 1 kg 的按 1 kg 计算。查中邮航空大包到加拿大的运价,首重运费为 137.7 元,续重运费为 72 元,挂号费每单 8 元。续重个数＝(2.6−1)/1＝1.6。

中邮航空大包的运费＝(首重运费+续重运费×续重个数)×折扣率+挂号费＝(137.7 元+72 元/kg×2)×0.9+8 元＝261.53 元。

【**课后练习**】

一、单项选择题

1.特快专递行业国际运费的计算一般以每(　　)kg 为一个计费重量单位。

A.0.5　　　　　　　B.1　　　　　　　C.1.5　　　　　　　D.2

2.以下错误的选项为(　　)。

A.EMS 运费计算标准以每增加 0.5 kg 为一个计费重量单位

B.EMS 运费计算标准以每增加 0.5 kg 为一个续重

C.EMS 运费计算标准每包货物的重量不能超过 30 kg

D.EMS 运费计算起重费用相对续重费用较低

3.以下错误的选项为(　　)。

A.产品单价较高,重量和体积较大的产品适合单件卖

B.产品单价较低,重量和体积较小的产品适合多个组成一包卖

C.产品单价较低,重量和体积较小的产品适合单个组成一包卖

D.产品包装尺寸和产品包装毛重的填写取决于销售方式的选择

4.货物运输过程中计收运费的重量是按(　　)计算。

A.实际重量

B.体积重量

C.实际重量和体积重量两者之中较高者

D.实际重量和体积重量两者之中较低者

二、多项选择题

1.一般情况下,快递公司免费包装,提供纸箱、气泡等包装材料。对于(　　),快递公司还要收取一定包装费用。

A.重货　　　　　　　B.轻抛货　　　　　　　C.贵重物品　　　　　　　D.易碎物品

2. 国际运费包括( )。

A. 基本运费   B. 燃油附加费   C. 包装费用   D. 清关费

三、实操练习

1. 小鹏接到一笔来自法国的订单,客户购买了一双净重 1.9 kg 的劳保鞋,打包后准备使用 EMS 快递寄往目的地,包装后重量增加了 0.2 kg,寄往法国首重费用是 280 元/0.5 kg,续重费用是 75 元/0.5 kg,折扣为 5 折,报关费用是 4 元,试计算总运费是多少?

2. 某平台卖家小李拟从杭州寄 18 kg 普通货包裹到德国,公司选择快递公司 A,快递报价:首重 220 元,每续重 0.5 kg 增加运费 45 元。燃油附加费 10%,折扣为 8.5 折。试计算总运费为多少?

模块二　阿里巴巴国际站操作

项目四　店铺装修

任务一　店铺装修前的准备工作

【学习目标】

　　知识目标：了解国际市场调研的重要性及调研维度，掌握运用国际市场调研工具进行数据分析；掌握选品的原则。

　　能力目标：结合企业实际情况，掌握制订店铺基本定位的技巧，能够撰写 B2B 店铺定位运营方案。

　　思政目标：理解中国制造、品牌出海概念，通过研究湖南本土知名品牌使学生领悟到国产品牌的魅力，从而增强民族自信。

【工作情景】

　　郭茂作为新人加入长沙金冠进出口有限公司跨境电商业务部之后，在师傅指导下开展跨境电商业务，师傅告诉他做好店铺运营方案首先要从国际市场调研和行业市场调研开始做起，于是郭茂开始学习国际市场调研和行业市场调研的维度与意义。

　　店铺装修前的准备工作主要包括市场调研、选品和店铺定位 3 个方面。

一、市场调研

市场调研主要包括国际市场调研、目标市场调研和行业市场调研等。

（一）国际市场调研

1. 国际市场调研的定义

　　国际市场调研是指运用科学的调研方法与手段，了解国际市场的基本状况及影响因素，帮助企业制订有效的市场营销决策，在现代营销观念指导下，以满足消费者需求为中心，研究产品从生产领域扩展到消费领域的全过程，从而实现企业经营目标。

2. 国际市场调研的意义

　　国际市场调研的目的在于帮助管理者识别并制订正确的国际经营战略，帮助企业制订正确的商业计划，确定市场进入渗透和扩张所需要的各种必要条件，为企业后续进一步细化和优化商业活动提供必要的参考依据。同时还可以帮助管理者正确预测未来可能发生的各种事件,并对即将发生的全球性变化做好充分准备。

3.国际市场调研的基础要点

跨境电商国际市场调研主要包括市场规模、政治因素、币种及汇率、关税、互联网基础、语言、物流等方面。

(1)市场规模调研及工具

市场规模主要是指人口因素与经济因素,这直接影响着市场的规模与发展。

人口因素:人口数量较多,消费潜力相对较大。

经济因素:包括经济形势的好坏、经济结构的变化、居民收入水平、市场竞争等,这些都直接关系到市场的规模和发展趋势,是市场调研的主要内容,这对于正确分析和判断市场形势和供需状况,制订适当的交易价格起到了重要的参考作用。

市场规模调研工具:百度百科(www.baidu.com)、维基百科(www.wikipedia.org)。

(2)政治因素调研及工具

政治因素的调研主要集中在研究不同国家和地区间是否存在影响贸易开展的政治情况及变化因素。例如,目标市场是否有战争因素? 在国际上的经济地位如何? 有无贸易政策措施的变化? 政局稳定与否? 这些因素可能会使某些外贸业务活动的开展非常顺利,也可能会使某些企业活动的进展受到种种限制。

政治因素调研工具:中国贸易新闻网(www.chinatradenews.com.cn)、雨果网(www.cifnews.com)。

(3)币种汇率调研及工具

币种汇率调研主要集中在币种与汇率的稳定性调研。不同国家主要货币币种及汇率不同,汇率的稳定性也会不同,这些往往是外贸人员最应该关注的信息之一。外汇的稳定性与当地国家政策、经济环境等息息相关。例如,2014年6月至2016年1月,美国对伊朗的经济制裁解除,导致全球原油供需宽松,原油显性库存大幅累积,油价最大跌幅一度达到76%,作为非洲地区第二大石油输出国的安哥拉,就受到了油价下跌的影响,当地货币不断贬值,安哥拉货币兑换人民币汇率从10:15,跌至10:23.9,企业收益大幅缩减。

汇率调研工具:汇率换算器(https://themoneyconverter.com/)。

(4)语言调研及工具

全球将近60%客户,来自非英语国家。语言一定程度上影响市场开发难度,拥有本地语言基础,拓展市场会更加容易。例如,印度官方语言有18种,主要语言113种,其中,超过百万人使用的语言就有33种,所以,针对印度市场的不同地区,我们的语言就需要进行更具体的细分。巴西的官方语言是葡萄牙语,值得注意的是,巴西是南美洲唯一一个主要语言和文化来自葡萄牙的国家。

语言查询工具:世界各国语言一览(https://cto.eguidedog.net/node/774)。

翻译工具:谷歌翻译(支持103种语言)(https://translate.google.cn/)。

(5)关税调研及查询工具

关税是指进出口商品,在经过一国关境时,由政府设置的海关向进出口国所征收的税收。各个国家为了确保市场公正,贸易安全高效地进行,对进出口商品征收关税。对出口国来说,进口国征收进口税,会影响到出口商品种类、数量和收益。

关税查询工具:关税查询(https://findrulesoforigin.org)。

(6)跨境电商物流调研及价格查询

在国际商品贸易中,物流成本和关税成本占据相当大的比重。当地国家海运港口数量、运输时长、运输便利性、运输成本、当地国际快递派送速度情况等因素,都会影响客户最终的成交。整体物流配套的基础设施建设一定程度上决定货物的通关能力,也会影响客户最终的成交。

物流报价查询工具:阿里物流查询(http://scm.alibaba.com/market/express/)、全球物流信息查询(www.17track.net)。

(7)互联网基础建设及调研工具

跨境电商以互联网作为基础进行交易,当地的网络普及情况直接影响到跨境贸易。例如,网络视频提出,用户只要能够看到内容即可,然而随着社会的进步,用户对画质和流畅要求越来越高,视频的体验越来越被看重。针对互联网基础建设较好的国家,我们可以有针对性地进行网络营销推广,例如视频营销。

互联网数据调研工具:CTO 工具(https://cto.eguidedog.net/index.php/node/1024)

(二)目标市场调研

目标市场的调研主要是对政治与法律环境、经济环境和社会文化环境 3 个方面进行调研分析。

1. 政治与法律环境调研

政治与法律环境调研主要包括国内外贸易进出口政策、法律等方面,即国内政策、国外政策、法律法规。现代国际贸易中,各国政府都会制定不同程度的贸易保护政策,来确保本国贸易高效、安全的进行,维护市场经济秩序。一般我们可以通过政治与法律手段实现了解国内外的政治和法律环境的目的,这有利于我们更顺利地开展国际贸易,规避不必要的政治和法律风险。

2. 经济环境调研

经济环境调研主要包括人口与收入、消费、自然条件、经济基础设施和社会文化等方面的调研。

(1)人口与收入

人口不仅是市场的基本要素,也是确定市场容量的重要依据,一般来说需要结合人口和收入两个要素来分析市场。

(2)消费

消费是影响市场的一个重要因素,如果不存在消费需求,市场也就不复存在。

(3)自然条件

一个国家或地区的自然条件一般包括该地的自然资源、地理结构和气候 3 个方面。市场特点的形成受自然条件的影响较大。

（4）经济基础设施

经济基础设施包括能源供应、交通运输、通信设备、金融机构和广告公司等方面。一般情况下，一个国家或地区拥有的经济基础设施数量多、质量好，其国际贸易的开展也会相对稳定。

3.社会文化环境调研

对社会文化环境调研主要包括价值观、文化传统、教育程度、风俗习惯、宗教信仰等方面。环境能够极大地影响社会对产品的需求和消费，我们需要对出口国家的社会文化环境有深入的了解，如和服适合日本市场，长袍适合中东市场。

（三）行业市场调研

国际市场调研主要侧重于宏观角度分析。如果我们需要进一步了解市场的竞争环境，则要对具体行业进行深入的分析，弄清楚目标市场对该产品的市场需求、市场容量、发展趋势以及预期价格变化等，这能够帮助我们找到一些最有发展前途的销售市场，从而构建正确的出口商品结构及销售计划。

例如，我们只是通过国际市场调研，看到印度市场规模不错，但是没有相关行业的调研分析，就不知道印度市场具体什么类型的产品拥有市场需求。如果没有对市场需求等方面进行调研，就直接投资生产，很可能导致滞销，又或者情况不明，销售渠道不正确，定价不实际，缺乏有力的宣传等，导致产品销售不佳，如图4-1-1、图4-1-2所示。

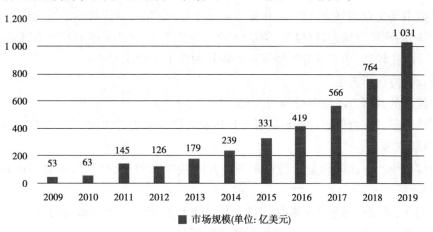

图 4-1-1　印度电商市场规模

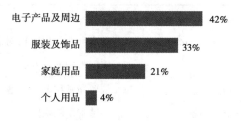

图 4-1-2　印度电商品类布局

对行业调研,主要针对目标市场分析及工具、市场需求总量分析、受众偏好、受众偏好调研方法和市场准入证书5个方面进行调研。

1. 目标市场分析及工具

目标市场是指产品计划主要出口国有哪些? 这些国家本身对该产品是否存在需求? 先确定该国的产品需求量,再弄清楚该国对产品的具体要求,有针对性地对目标国家开展营销。

行业市场调研工具有阿里巴巴国际站行业市场分析板块,该板块(阿里巴巴)对全球买家询盘、搜索分布进行了统计,为卖家选择目标市场定位提供依据,同时也能让卖家处于更有利的位置,减少其投资的盲目性,实现更好的营销效果。

2. 市场需求总量分析

市场需求量是指某一产品,在某一地区和某一时期内,在一定的营销环境和营销方案的作用下,愿意购买该产品的顾客群体的总数。了解目标市场对该类商品的进口情况,确定该市场的规模及近年来的采购趋势,是判断是否进入一个新市场的重要依据。

每年中国海关都会统计并公布某产品的进出口数据,数据中真实的买卖双方交易记录,可通过海关总署网查询,出口额越大,市场需求越乐观。

海关进出口数据查询:中华人民共和国海关总署网(www. customs. gov. cn)。

3. 受众偏好

世界各地顾客对于可接受的价格区间、款式喜好、材质要求、售后服务都有差异。因此,需要对目标市场受众偏好进行调研,根据市场需求整理产品,制订目标市场的产品营销组合战略,在不同的跨境市场进行推广。例如,欧美等发达国家或者某些国家的中高端市场对产品的质量要求比较高,中东、印度、俄罗斯等则较为注重性价比。

4. 受众偏好调研方法

受众偏好的调研方法主要分为两大类。

①直接调研。直接调研是指调研者直接接触调研对象所做的调查,包括实地观察、口头访问、实验调查等。

②间接调研。间接调研是指通过某种中介间接向对象进行调查,如通信调查、问卷调查、文献调查等。

一般而言,卖家可通过当地购物网站分析了解目标产品在不同市场的终端零售价及对款式风格的喜好。表4-1-1为部分国家常用购物网站。

表4-1-1　部分国家常用购物网站

网址	国家
https://www.myshopping.com.au/	澳大利亚常用购物网站
https://www.kelkoo.de/	德国常用购物网站
https://market.yandex.ru/	俄罗斯常用购物网站
https://fr.shopping.rakuten.com/	法国常用购物网站
https://www.olx.ph	菲律宾常用购物网站

续表

网址	国家
https://www.lelong.com.my	马来西亚常用购物网站
https://www.become.co.jp	日本常用购物网站
https://global.gmarket.co.kr/Home/Main	新加坡常用购物网站
https://www.argos.co.uk/	英国常用购物网站

5. 市场准入证书

部分产品需要具备符合当地的安全认证标准，才可以在所在区域进行销售，一般有 CE（Conformite Europeenne）、ROHS（the Restriction of the Use of Certain Hazardous Substances in Electrical and Electronic Equipment）、UL（Underwriter Laboratories Inc.）等国际公认的产品检测认证。部分产品认证国标如图 4-1-3 所示。

图 4-1-3　部分产品认证国标

二、选品

当开始进入外贸领域的时候，我们应思考一个问题，哪些客户和市场是我们可以做的？我们所做的产品在哪些市场具备竞争力？在不同的市场我们都采用同样的销售策略吗？

（一）概念

选择商品，简称选品，是指从供应市场中选择适合目标市场需求的产品在网站上进行销售。选品人员在选择商品时，一方面要把握客户需求，另一方面要从众多供应市场中选出质量、价格和外观最符合目标市场需求的产品。成功的选品必须是供应商、客户和选品人员三者有机的结合。

(二)如何选品

1. 根据网站定位选品

通过对网站整体地位的理解和把握,选品专员对网站的品类或产品线进行研究分析,然后选择适合目标消费者需求的商品。

(1)品类分析

从目前跨境电商 B2C、C2C 站大类来看主要有:手机、服装服饰、电脑、电子、儿童用品、家居园艺、汽车配件、摄像器材、美容保健、首饰手表、办公用品、体育用品、玩具收藏品、游戏配件等。

(2)产品线分析

综合性网站选品需要重点关注产品线的宽度和深度。在宽度方面,要充分研究该类别,拓展品类开发的维度。要考虑该品类与其他品类之间的关联性,提高关联销售度和订单产品数。在深度方面,每个子类的产品数量要有规模;产品有梯度(高中低 3 个档次),积极推广有品牌的产品,提升品类口碑和知名度。

2. 使用数据分析工具选品

使用数据分析工具选品是指通过对各个业务节点业务数据的提取、分析及监控,让数据作为管理者决策、员工执行的有效依据,作为业务运营中的一个统一尺度和标准。

提取出来的数据从数据来源看,可分为外部数据和内部数据。外部数据是指企业以外的其他公司、市场等产生的数据。内部数据是指企业内部经营过程中产生的数据信息。要想做出科学正确的决策,需要对内外部数据进行充分的调研和分析。

常用的数据分析工具如下:

(1)Google Trends

工具地址:www. google. com/trends。

查询条件:关键词、国家、时间。

(2)KeywordSpy

工具地址:labs. keywordspy. com。

查询条件:关键词、站点、国家。

(3)Alexa

工具地址:alexa. chinaz. com。

查询条件:关键词、国家、时间、网站。

三、店铺定位

(一)目的

1. 概念

店铺定位是指可以通过对店铺整体形象及产品的设计而使之更贴近目标消费者的心理感受,是对目标消费者的心智和情感进行管理。一方面,目标市场是店铺定位的依据和归宿;另一方面,店铺形象需要通过品牌设计和产品设计来完成,即恰当的店铺设计有助于在目标消费者心中形成良好的店铺形象。

2. 店铺定位的作用

店铺定位的作用主要有以下几个方面:

①通过优化店铺整体形象,即产品的设计,使之更贴近目标消费者的心理需求,对目标消费者的心理和情感进行管理。恰当的店铺定位设计,有助于在目标消费者心中形成良好的店铺形象。

②通过对店铺进行定位规划,品牌个性和产品就可以形成差异化。从产品特征包装、服务、风格、视觉等多方面做研究,并考虑竞争对手的情况,努力在目标消费者心中占据一个有利的位置,可以使消费者与之产生共鸣,接受和认可该产品和品牌。

3. 如何对店铺进行定位

对店铺进行定位主要从价格、人群、产品 3 个方面入手。

(1)价格定位

产品在上架之前,首先需要参考竞争对手产品的定价,另外,店铺内的主推产品价位不要相差太大,不然会导致人群标签混乱。店铺有了销量以后从数据管家里可以看出店铺近期的消费人群和层次,结合此数据,进行直通车精准人群的测试以及溢价,可以更好地结合自己的店铺打上标签从而匹配精准的买家标签。

(2)人群定位

人群定位是指你打算把你的产品卖给谁?这些人群一般会聚集在什么地方?他们有什么爱好?我们要将消费者群体定位清楚,跨境平台多种多样,各平台的展示规格和方法也不一样,店铺和产品只能被推荐给最精准的人群,一旦你的店铺定位精准,那么你就更容易被推送到这群人面前。

(3)产品定位

众所周知,产品是一个店铺的生命线,展现、引流和下单等都是建立在产品的基础之上进行的,所以,卖家必须要明确自家店铺产品的质量和特点,以及自家的产品是属于低端销售还是中高端销售,这些内容都是需要我们去了解和去定位的。

(二)店铺定位步骤

店铺定位,除了需要进行海外市场调研、行业市场调研和客户分析外,还需要考虑企业自身的能力及核心优势、公司规模供应链、团队水平、资质证书、经营目标、企业竞争力等综合因素来进行规划构建。所以店铺定位需要按照一定的步骤来进行。

店铺定位步骤包括市场分析、行业分析、企业分析。市场分析包括国内外相关政策、市场需求及规模、经营模式、平台选择。行业分析包括行业发展潜力、行业用户分析、人群画像、选品分析和产品利润。企业分析包括公司优势和品牌、供应链生产与研发能力、团队实力、资质证书等。

1. 店铺定位,市场分析

以调查菲律宾市场为例,见表4-1-2。

表 4-1-2 菲律宾市场

	目标市场	南亚地区
市场调研与行业调研分析	国际市场调研	菲律宾人口约 1.1 亿,是东盟中人口较多的国家之一,庞大的人口,加上过去 10 年每年经济增长平均达 4%,令该国的消费市场潜力巨大。菲律宾是东南亚电商市场增长速度最快的国家之一,互联网使用率也在不断增加。虽然受疫情影响 2020 年菲律宾 GDP 降至 3 622.4 亿美元,经济同比实际缩减 9.5%,但仅从经济总量角度来看,当前的菲律宾与我国的重庆市旗鼓相当,而且重庆市人口只有 3 000 多万,而菲律宾人口却已经过亿,可见菲律宾的电商事业正处于起步发展阶段,但是民众消费意愿与能力具有非常大的潜在优势。2019 年东南亚电商规模 230 亿美元,菲律宾位列前三。截至 2020 年 12 月,印度尼西亚、马来西亚、菲律宾、新加坡、泰国及越南六国的互联网用户数超过 3 500 万,相较于 2015 年增长 900 万用户。其中,90% 的用户通过智能手机进行网络连接,使得东南亚地区成为全球移动互联网使用率最高的地区之一
	电商市场规模	230 亿美元
	目标客户	Idvert 统计的东南亚电商受众性别比例数据显示,规模最大的菲律宾电商市场,其受众 65.2% 为年轻女性用户
	主要消费类目	2020 年,东南亚地区线上年轻消费群体主要消费品类为消费电子、服饰和健康与美容
	主要电商平台	Lazada(来赞达)、Shopee(虾皮)

2. 店铺定位画像构成要素

店铺定位画像构成要素见表 4-1-3。

表 4-1-3 店铺定位画像构成要素

	目标国家及行业	菲律宾消费电子类目
市场定位	目标用户	18 ~ 30 岁
产品定位	产品风格与特点	手机周边+电脑周边+厨房家电+生活家电都是菲律宾比较欠缺的产品,所以菲律宾当地这类产品主要由中国制造提供,价格美丽,产品也很好
	产品定价水平	10 ~ 500 元人民币/件
企业定位	自身企业特点	中小工贸一体企业,具有自己的工厂及产品研发团队
	电商平台选择	B2B 阿里巴巴国际站
店铺定位	店铺定位及特点	结合用户及市场需求,主要面向中低端市场,以价格和产品设计优势进行定位推广

【课后练习】

一、单项选择题

1. 市场规模主要是指(   )与经济因素。

A. 人口因素　　　　　B. 收入水平　　　　　C. 消费水平　　　　　D. 市场竞争

2. 巴西的官方语言是(　　)。

A. 英语　　　　　　　B. 巴西语　　　　　　C. 西班牙语　　　　　D. 葡萄牙语

3. 对店铺进行定位主要从价格、人群、(　　)3 个方面入手。

A. 风格　　　　　　　B. 产品　　　　　　　C. 品牌　　　　　　　D. 竞争力

4. 以下哪一项不属于市场分析?(　　)

A. 国内外相关政策　　　　　　　　　　　B. 市场需求及规模

C. 平台选择　　　　　　　　　　　　　　D. 人群画像

二、多项选择题

1. 经济环境调研包括(　　)。

A. 人口与收入　　　　　　　　　　　　　B. 消费

C. 自然条件和经济基础设施　　　　　　　D. 社会文化

2. 店铺装修前的准备工作主要包括(　　)。

A. 产品详情页设计　　　　　　　　　　　B. 市场调研

C. 选品　　　　　　　　　　　　　　　　D. 店铺定位

3. 直接调研方法包括(　　)。

A. 实地观察　　　　　B. 口头访问　　　　　C. 问卷调查　　　　　D. 实验调查

三、实操练习

利用所学国际市场调研知识,请以郭茂的身份以电脑零件和手机配件为主营产品完成如下操作:

1. 对美国市场进行市场调研。

2. 进行行业市场调研。

任务二　店铺装修与产品详情页设计

【学习目标】

知识目标:了解店铺装修和维护的注意事项;熟悉常用的店铺装修软件。

能力目标:能够制作店招、店铺 Logo 等;设计店铺装修风格并进行免费的店铺装修。

思政目标:根据数据分析做好店铺装修,提升审美能力,培养精益求精的工作品格。

【工作情景】

郭茂作为新人加入长沙金冠进出口有限公司跨境电商业务部之后,在完成从国际市场调研和行业市场调研的基础上,开始学习如何进行店铺装修和维护。

在整体跨境电商的运营过程中,对店铺日常工作的安排和维护是很重要的。做好日常维护,能够为店铺带来许多流量,不仅如此,还能吸引有效客户,符合目标国家审美特色的店铺装修可以吸引顾客眼球,也可以提升店铺的流量和转化。

一、店铺装修概述

所谓店铺装修,就是在全球速卖通、亚马逊等跨境电商平台允许的结构范围内,通过设计让店铺更加美观,从而吸引网络上的买家。作为网络中的店铺,离不开店铺美化装修。店铺通过装修,可以突出整体风格,方便消费者了解店铺所出售商品的性质,从而吸引消费者。优秀的店铺装修让买家从视觉上和心理上感觉到店主对店铺的用心,并且能够最大限度地提升店铺形象,有利于店铺品牌的树立,提高浏览量,如图4-2-1和图4-2-2所示。

图 4-2-1　全球速卖通店铺首页

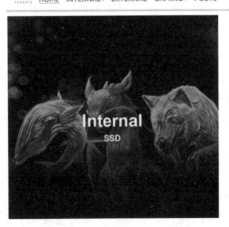

图 4-2-2　亚马逊店铺首页

二、店铺装修具体操作

店铺装修对于任何一个平台来说都是非常重要的,阿里巴巴和全球速卖通的店铺装修基本同出一源,而且全球速卖通平台对卖家视觉营销方面,增加了更开放式的功能板块,我们以全球速卖通为例简单讲解店铺的装修操作步骤。

店铺装修基础板块包含店招板块、图片轮播板块、联系信息、收藏店铺、商品推荐板块、自定义内容区等部分。第三方模块相对于系统模块更加丰富一些,包含新品上市、限时导购、自定义模块、全屏轮播、优惠券、分类导航、广告墙、页角等。店铺基础装修步骤如下:

步骤1:进入店铺中心,点击"店铺装修及管理",然后点击"进入装修"按钮,如图4-2-3所示,登录后台装修界面,如图4-2-4所示。

步骤2:进入装修界面,点击"模板管理",然后进入"模板市场"界面,根据自己主题风格的需求选择一款模板,首先点击试用,在确认模板符合自己的要求时,再选择购买即可,可以选择1个月、3个月或6个月,如图4-2-5所示。

图4-2-3 进入店铺装修

图 4-2-4　店铺装修首页

图 4-2-5　模板市场

　　步骤 3：使用功能店招。一般来说，只要选择了试用模板，店招、全屏轮播等板块都会出现，如果未能出现，可以手动添加，如图 4-2-6 所示。

　　注意：对于较大的图片，全球速卖通的图片空间是不支持的，那么现在所使用的全屏轮播海报和全屏店招是如何实现的呢？这就需要借助阿里巴巴的另一个图片空间——www.1688.com 网站的诚信通空间，将图片上传到诚信通空间，然后再来使用。

　　步骤 4：使用全屏海报。打开全屏海报编辑界面，将图片 URL（Uniform Resource Locator，统一资源定位器）地址复制、粘贴在"图片地址"框，复制产品链接地址，粘贴在"链接地址"框，如图 4-2-7 所示。

　　步骤 5：使用广告墙。打开广告墙编辑界面，在"广告 1"中选择两张不同角度的图片上传，依次在广告 2、广告 3 等加入其他图片，得到最终效果，如图 4-2-8 所示。

　　步骤 6：使用分类导航。打开分类导航编辑界面，设置大类名，子类名必须用符号"|"隔开，再加入子类链接，子类链接也需要用符号"|"隔开，如图 4-2-9 所示。

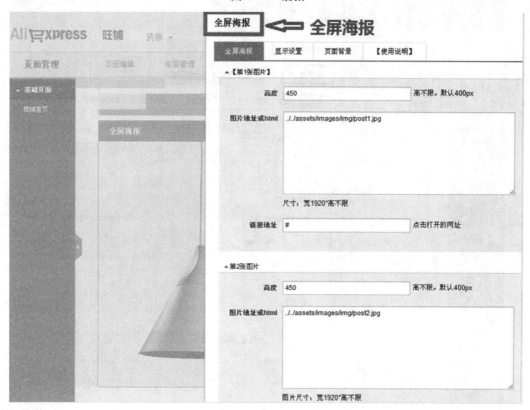

图 4-2-6 店招

图 4-2-7 全屏海报

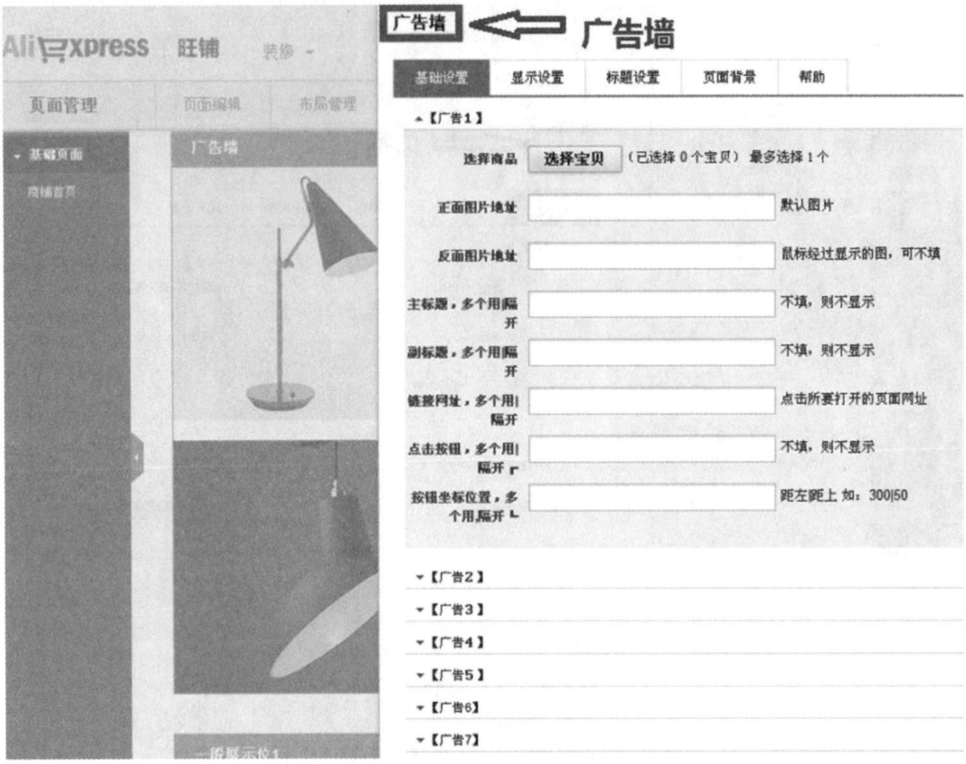

图 4-2-8　广告墙

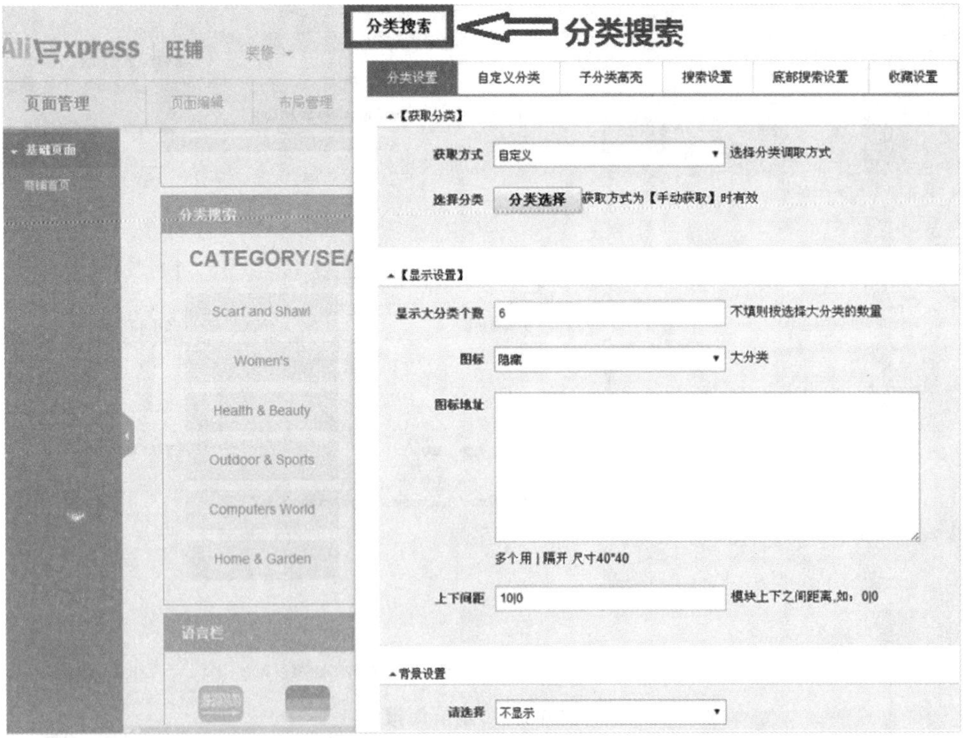

图 4-2-9　分类搜索

三、店铺装修应注意的问题

(一)规范化——图片尺寸符合平台要求

不同的平台对产品图片要求不一样,同一个平台下面不同的维度要展示给客户看的内容也不一样,比如产品主图最好有缩放功能,方便客户更详细地看到产品细节,而轮播海报则需要图片较为细长,加深产品的第一印象。这些平台一般都会有硬性要求,全球速卖通平台系统基础板块要求见表 4-2-1。

表 4-2-1 系统基础板块要求

项目	建议尺寸(宽×高),单位:px
店招	1 200×150
轮播海报	960×400(100~600)
自定义板块	920×n(在保证字符数够用的情况下,不限)
侧边栏	180×n(在保证字符数够用的情况下,不限)
主图	750×750、800×800、960×960
详情	750×n(<1 500)

(二)主题明确,突出属性与个性

要明确自己想要什么样的店铺,并以定下的理念贯彻落实到店铺装修完成。如家居类,主题为温馨、舒适,让人感到轻松,那么在装修的时候,就要表现出自己家居产品的属性,同时突出产品使人感到放松的特点。

(三)清晰简洁,色彩搭配时尚不繁复

干净简洁的店铺让人感觉畅快,清晰版面帮助买家快速锁定自己关注的问题。现在很多卖家在商品详情页添加很多优惠、福利,但是没有做好区分整理,看起来乱七八糟,买家也很难看出自己能拿到多少优惠,所以即使折扣力度大,但没有被买家迅速感知,转化率依旧很低。色彩搭配很容易表现主题。雍容华贵风格往往颜色深沉,清新活泼风格则多为浅色。此外,暖色系与冷色系相互搭配,往往效果较好。但是,不是所有效果好的颜色都适用所有店铺。因此,必须在明确店铺风格的基础上选取颜色,并尽量减少颜色的繁复使用。

一般而言,主色调不要超过两种。首先要明确颜色的定位,可以根据企业提供的 VI(Visual Identity,视觉识别系统)来做主色调,或者可以根据店铺产品拍摄的图片效果来做颜色搭配。店铺商品图片如果感觉太花,可以用抠图的方式把背景去掉后,换上统一色彩的背景即可。

店铺色彩不统一,店铺整体就会出现不协调、眼花缭乱的感觉,给买家的第一印象是店铺不专业,这样直接会影响转化率。因此,当店铺的浏览量很大,但转化率很低时,不妨看看

店铺装修的色彩是否统一了。

（四）风格统一，方向明确

尽管有时候在促销活动期间,店铺的风格会随活动场景变化,但风格必须始终是统一的。比如,店铺的风格是淑女风,在即将到来的圣诞节,店铺装修会大量运用红、绿等颜色,但店铺依旧要保持淡雅的淑女风格,即主旨不变,店铺只是搭乘圣诞老人的驯鹿提销量,但店铺不是卖圣诞老人。

一个店铺最好只定一种风格,并按这个方向走下去。但这绝不是鼓励因循守旧。店铺在开店之初,很多东西都是未知的,甚至不知店铺的风格是否符合市场需求,或者现在合适,但随着消费者需求的变化不合适了,那么店铺就需要做出变化与升级。

（五）细致入微，涵盖面广而简

多且好的形容词用在商品上不一定取得好的效果,因为过于单一,也没有切合消费者关注的点。消费者是个性化的,卖家必须抓住关键点去装修店铺。如商品细节、相关证明、发货快递与时间、优惠、包装、图片角度等,这都是消费者关注的点,而不是在商品详情页装修时,都是一长排商品图片加形容词。

抓住消费者关注的点,简洁地展示出来。

如果消费者点击了一款产品,又能在短时间内锁定关注的点,那么成交就会很快。

四、产品详情页设计概述

产品详情页面是唯一一个向顾客详细展示产品细节与优势的地方,买家是否喜欢这款产品、是否愿意在你的店铺里购买,都必须仔细看产品的详情页,99%的订单也都是在看过产品的详情页后生成的,可见产品详情页面的重要性。

（一）产品详情页内容

产品详情页一般需要展示以下内容,以某公司电脑冷风扇产品为例。

1. 产品的基本信息表

产品的基本信息表主要以文字、图片或表格等多种形式说明产品的材质、规格等信息,如图4-2-10所示。

Quick Details			
Type:	Axial Flow Fan, grow tent fan	Applicable Industries:	Restaurant, Home Use, Greenhouse, Grow tent, Hydroponic
Customized support:	OEM, ODM, OBM	Electric Current Type:	AC
Mounting:	Duct Fan	Blade Material:	Plastic
Place of Origin:	Zhejiang, China	Brand Name:	LONGWELL
Model Number:	LW-4 Inch	Voltage:	120V, 230V
Warranty:	1 Year	After-sales Service Provided:	Video technical support
Power input:	AC 110/230V	Pasing material:	plastic
Impeller material:	Propylene with glass fiber reinforced	Direction:	Clockwise
Bearing:	Ball Bearing	Approvals:	CE,CCC
Amb,Temp:	-30 to +60℃	Insulation:	B/F
Application:	Grow tent,greenhouse,exhaustor		

图4-2-10　基本信息表

2. 整体展示

场景展示、摆拍展示等全面展示产品的整体效果，如图 4-2-11 所示。

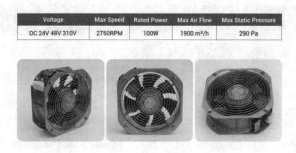

Voltage	Max Speed	Rated Power	Max Air Flow	Max Static Pressure
DC 24V 48V 310V	2750RPM	100W	1900 m³/h	290 Pa

图 4-2-11　整体展示

3. 细节展示

从材质、图案、做工、功能等细节展示产品的部分效果，如图 4-2-12 所示。

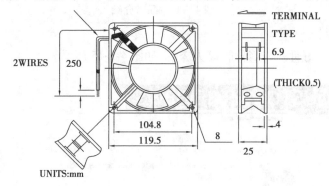

图 4-2-12　细节展示

4. 产品卖点

以细节图和文字放大产品卖点，让顾客更多了解产品特性，如图 4-2-13 所示。

图 4-2-13　产品卖点

5. 品牌介绍

企业文化展示、品牌文化展示等,如图4-2-14所示。

Dongguan xingdong Electronics Co., Ltd., is a modernized manufacturing enterprise, whose founder possesses professional expertise in R&D and manufacture of cooling fans for more than 20 years. We are specialized in DC/AC/EC Axial fan, Cross Flow fan, Blower and Motor. Our fans are mainly used for computer, power, home appliance. car, security, communication, medical, industrial control, electric power, 3D printer, electric

图4-2-14 品牌介绍

6. 买家反馈信息

展示出售记录、好评、买家评价、真人秀等,如图4-2-15所示。

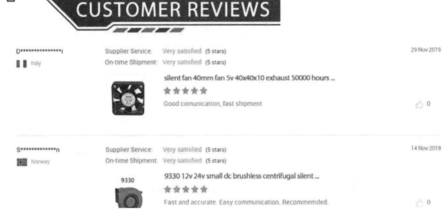

图4-2-15 买家反馈信息

7. 活动促销信息

店铺活动、其他促销活动,如图4-2-16所示。

1000 - 4999 Pieces	>=5000 Pieces
$0.96	**$0.71**

Air Volume:	32.37CFM
Speed:	2500RPM

Lead Time⑦	Quantity(Pieces)	1 - 10000	>10000
	Est. Time(days)	15	To be negotiated

图4-2-16 活动促销

8. 包装展示

一个好的包装还能体现店铺的实力,给卖家放心的购物延续体验,如图 4-2-17 所示。

图 4-2-17　包装展示

9. 购物须知

邮费、发货、退换货、售后问题等,如图 4-2-18 所示。

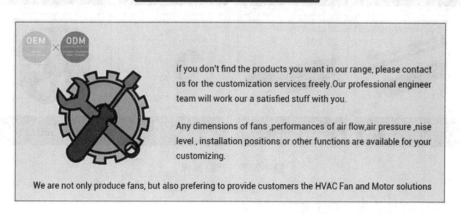

图 4-2-18　购物须知

10. FAQ

FAQ 全称 Frequently Asked Questions(常见问题解答),能够回答买家心中的常见问题,减轻客服压力,如图 4-2-19 所示。

11. 产品延伸区块

其他关联商品、热销商品推荐,如图 4-2-20 所示。

FAQ

Q1: Whats your advantages of your duct fans

1. high air flow and air pressure
2. long life span
3. special design for ventilation and hydroponics application which makes high efficiency and low noise .

Q2: Are the manufacturer?

Yes, LONGWELL is a professional manufacturer which is the specialist in HVACR fans , motor and components for the applications of air conditioner , air ex-changer , coolers, heaters , floor convectors, sterilization purifier , air purifiers , medical purifiers , and ventilation ,energy industry , 5G cabinet ...

Q3: whats your production capacity?

We are capable to produce over millions pcs fans and motors annually .

图 4-2-19　FAQ

Related Products

BACKWARD CENTRIFUAL FAN

FORWARD CENTRIFUAL FAN

SINGLE INLET CENTRIFUAL FAN

DUAL INLET CENTRIFUAL FAN

CROSS FLOW FAN

DC CROSS FLOW FAN

INLINE DUCT FAN

DC AXIAL FAN

图 4-2-20　产品延伸

(二)产品详情页设计应注意的问题

①产品的属性要填写清楚。

②产品标题要与产品属性息息相关,被搜到的概率会相对大很多。

③文案要出彩,可以自己加一些方案。比如母亲节搞活动,可以加一段文字描写母亲从小到大对我们的无私付出,以引起共鸣,就会获得很好的营销效果。

④可以做一些广告图,要与你的产品相关,要求简洁明了,一看就能看得懂。

⑤产品详情页面可以做一些关联营销,也可以增加你产品的曝光度。

⑥编辑产品信息时,务必基于事实,要全面、细致地描述产品。

【课后练习】

一、单项选择题

1. 系统提供的滚动 Banner(横幅)有( )张。

A. 3　　　　　　B. 4　　　　　　C. 2　　　　　　D. 1

2. 为尽可能地保证图片的原始尺寸和清晰度,获取图片时最好的操作方法是( )。

A. 拷贝　　　　　B. 下载　　　　　C. 另存为　　　　　D. 截图

3. 关于店铺优惠券,错误的选项是( )。

A. 卖家自主设置优惠金额和使用条件

B. 买家领取后在有效期内使用

C. 买家只能在指定店铺使用的优惠券

D. 买家自主设置优惠金额和使用条件

4. 关于展示计划产品的推广,以下错误的是( )。

A. 系统根据产品的特性精准投放　　　　B. 采用按点击收费的形式

C. 性价比高　　　　　　　　　　　　　D. 适合任何单品的推广

5. 下列说法中不正确的是( )。

A. 网店海报中的字体一般情况下不超过三种

B. 整个海报中的字体应有大有小、有粗有细

C. 为了达到满意的效果,海报中的所有文案行距都要一样

D. 任何色彩的表情都有其积极的一面和消极的一面

二、多项选择题

1. 产品详情描述部分可有哪些内容?( )

A. 产品的特征、卖点

B. 产品的规格详情

C. 产品的模特图、细节图、颜色图等

D. 卖家的实力情况,如相关证书、工厂实拍图等

2. 产品详细描述包含的内容有( )。

A. 服务信息

B. 店铺及产品的相关推荐

C. 产品基本描述

D. 物流信息

3. 有关亚马逊平台中卖家操作账号的问题,以下正确的是( )。

A. 卖家可以根据自身的情况,申请开通多个运营账号

B. 多个卖家可以在同一电脑上(同一 IP 地址)登录多个账号

C. 在不同的 IP 地址登录同一账号,回答安全问题错误时,有可能会引起账号冻结

D. 卖家不可以为主账号设置多个操作子账号

4. 以下哪些服务能力会影响产品排名？（　　　）

A. 卖家服务响应能力　　　　　　　　B. 订单执行能力

C. 好评情况　　　　　　　　　　　　D. 纠纷、退款情况

三、实操练习

请以"Mobile Phone Shell（手机壳）"为核心关键词设计一份产品详情页，要求图文结合，产品属性、细节和卖点可自行设计。

项目五　视觉营销与设计

任务一　图片分类与拍摄

【学习目标】

知识目标:掌握图片的分类与整理技巧;掌握图片拍摄的技巧;了解商品的拍摄要素;掌握商品拍摄方案的制订技巧。

能力目标:能够完成商品拍摄方案的设计。

思政目标:提升审美能力,培养精益求精的工作品格。

【工作情景】

郭茂作为新人加入长沙金冠进出口有限公司跨境电商业务部之后,在师傅指导下开展跨境电商业务,在完成市场调研、客户信息采集和店铺装修的基础上,需要就店铺的上新准备素材,拍摄图片。

一、图片的分类与整理技巧

跨境电商网店运营图片主要分为两类:产品图片和公司图片。

产品图片包括产品主图、产品详情图以及产品海报。

公司图片主要包括办公环境、工厂图片、客户案例等。

(一)产品图片

产品图片一般通过产品系列进行归类,再通过产品型号进行细分。通过产品型号细分,要收集的图片有产品主图、产品详情页和产品海报。整理要求如下:

①产品主图。不少于6张,一般需要展示产品卖点、产品的不同角度和使用效果,如图5-1-1所示。

②产品详情页。建议控制在15张以内,一般展示产品尺寸、产品细节、产品优势和产品包装等,如图5-1-2所示。

③产品海报。一般展示产品核心卖点和店铺活动,如图5-1-3所示。

图 5-1-1　产品主图

Key Features

Heavy-Duty Fans

Each fan is constructed of die-cast aluminum and suitable for various environments. Thermoplastic impeller meets UL 94 flammability standards.

Dual-Ball Motors

Dual-ball bearings rated at up to 67,000 hours allows the fans to be mounted flat or upright. Impedance protected motors have a high resistance to heat.

Quality Approved

The axial fan is UL recognized under certificate E503903 by Underwriter Laboratories. Verifiable through UL Online Certifications Directory.

Plug and Play

All fans run at 100 to 125V AC and include a power cord. Just plug it into a wall outlet to start the fan. Includes dual fan guards and screw set.

图 5-1-2　产品详情页

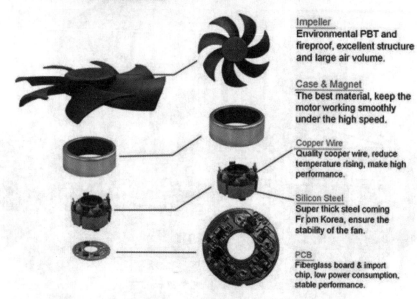

图 5-1-3 产品海报

（二）公司图片

公司图片主要包括：公司信息、工厂图片、成功案例、资质证书等。公司图片一般用于旺铺装修及详情页通用模块。公司图片主要展示以下内容：

1. 公司信息

公司信息包括公司前台、办公环境、团队展示等内容，如图 5-1-4 所示。

图 5-1-4 公司信息

2. 工厂图片

工厂图片包括工厂环境、生产器械、生产工艺、流水线和仓库物流等,如图 5-1-5 所示。

图 5-1-5　工厂图片

3. 成功案例

成功案例包括参展案例、客户拜访评论、交易数据和客户评价等,如图 5-1-6 所示。

图 5-1-6　成功案例

4. 资质证书

资质证书是公司获得的一些荣誉,包括产品认证、公司资质证书和研发能力认证等,如图 5-1-7 所示。

图 5-1-7　资质证书图片

以上图片的整理方便以后做店铺和详情页的整个展示。

二、图片的拍摄技巧

(一)图片拍摄基础要求

图片拍摄基础要求是形准、色准和质量优。

①形准。商品的形态、造型特征以及画面的构图形式准确。

②色准。商品拍摄要注意色彩的统一,无明显色差。

③质量优。商品的质地和质感好。

(二)场景搭建与背景选择

不同的产品拍摄场景搭建有所不同。比如,小而精的产品可以使用摄影台搭配灯箱,大件的产品可以搭配背景幕布,服装类目的产品则可以选择模特实景拍摄,如图 5-1-8 所示。

注意:产品背景应与产品颜色具有一定反差,这样才能更好地突出产品。例如白色产品不建议使用白色背景进行拍摄,因为这样不利于产品展现,也不利于后期抠图处理。

(三)图片拍摄光线选择

光线选择主要类型有两种:一是自然光源,二是人造光源。

①自然光源。自然光源一般用于实拍,避免产品色差纠纷。

②人造光源。人造光源用于产品拍摄,方便后期修图。拍完之后后期就可以在 PS

（Adobe Photoshop）里面进行产品精修，如图 5-1-9 所示。

| 摄影台与灯箱 | 背景幕布 | 实景拍摄 |

图 5-1-8　拍摄场景

| 自然光源 | 人造光源 | 人造光源+修图 |

图 5-1-9　拍摄光线

（四）图片拍摄布光技巧

常用布光方法包括正面两侧布光、两侧45°布光、前后交叉布光，如图 5-1-10 所示。

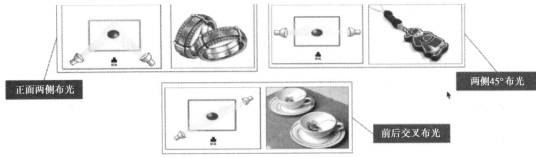

图 5-1-10　拍摄布光

1. 正面两侧布光

正面两侧布光是指正面投射出来的光全面均衡。商品表面展示全面，不会有暗角，是商品拍摄中常用的布光方法。

2. 两侧45°布光

两侧45°布光指的是使商品的顶部受光。这种布光方法适合拍摄外形扁平的小商品,但是不适合拍摄立体感较强且有一定高度的商品。

3. 前后交叉布光

前后交叉布光指从商品后侧打光,前后交叉布光可以表现出画面的层次感,既表现出商品的层次,又保全了所有细节的展示。

(五)摄影构图的三大要点

摄影构图的画面设计,最重要的一点就是构图的均衡美。构图时需注意以下几个要点:

1. 对称和均衡的运用

结构均衡是指画面中各部分的景物要有呼应,有对照,达到平衡和稳定。画面结构的均衡,除了大小轻重以外,还包括明暗、线条和空间等的对比。

2. 构图中的主次关系

设计画面时要注意主体和陪衬物的关系,主要人物和次要人物的关系,人物与背景的关系。

3. 构图中黄金分割的运用

黄金分割在摄影构图中可应用于虚实对比、动静对比、大小对比等。

(六)摄影构图方式

1. 三分法构图

三分法构图也称为九宫格构图,是一种比较常见的构图方法,一般用两横两竖将画面均分。使用时将主体放置在黄金分隔点上或者是黄金分割线上,即线条4个交叉点上,或者放置在线条上。大部分相机上都直接配备这个构图辅助线,多用于风景人像等,如图5-1-11所示。

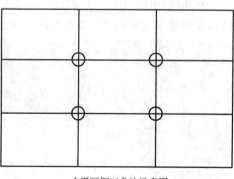

水平画框三分法示意图

图 5-1-11　三分法构图

2. 对称式构图

对称式构图,又称对称构图,有上下对称、左右对称,具有稳定平衡的特点。对称式构图在建筑摄影中表现建筑的设计平衡稳定性。对称式构图多用于建筑和倒影的拍摄。在拍摄公司图片时可以考虑对称式构图的应用,如图 5-1-12 所示。

图 5-1-12　对称式构图

3. 框架式构图

框架式构图选择一个框架作为画面的前景,将观众视线引导到拍摄主体上,从而突出主题。框架式构图会形成纵深感,让画面更加立体直观,更有视觉冲击,也让主体与环境有所呼应。常用门窗、树叶间隙、网状物等作为框架,如图 5-1-13 所示。

图 5-1-13　框架式构图

4. 对角线构图

对角线构图的图片有动态张力,更加活泼。将主体产品安放在画面对角线上,会有更好的纵深效果和立体效果,如图 5-1-14 所示。

图 5-1-14　对角线构图

（七）摄影角度

摄影角度有平摄、仰摄、俯摄和微距 4 种。

1. 平摄

平摄就是机位跟被摄的物体大致在一个平行线上，这种角度接近人眼的观看习惯，如图 5-1-15 所示。

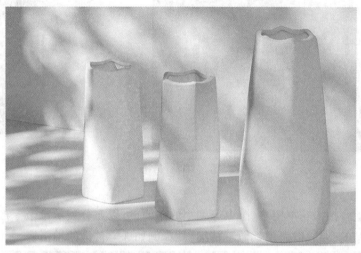

图 5-1-15 平摄

平摄构图的主要特点是透视效果好，不易产生变形，会相对真实地还原产品形状。在拍摄物体时要先观察一下被摄的主体是正面还是侧面好看，确定了角度再进行拍摄。

2. 仰摄

仰摄是从下往上进行拍摄，被拍摄的主体高于相机的机位，这个角度拍出的照片具有很大的视觉冲击力，可以很好地表现出被摄物体的高大。低角度拍摄可以使环境变得干净，更容易在拍摄时突出主体，例如灯饰拍摄，如图 5-1-16 所示。

图 5-1-16 仰摄

3. 俯摄

俯摄和仰摄机位正好相反,俯摄从高角度进行拍摄,这种拍摄方式比较适合大场景,可以表现出场景的辽阔。俯摄多用于拍摄产品顶面,如图 5-1-17 所示。

图 5-1-17　俯摄

4. 微距

微距特别适合拍摄花草树木、昆虫等细小的东西,可以充分展示细节。产品拍摄中一般用于拍摄小而精的商品,以表现其做工精细程度,例如珠宝首饰的拍摄等,如图 5-1-18 所示。

图 5-1-18　微距

(八)产品拍摄建议

产品构图完整,可以尝试多角度拍摄及布景摆拍,如图 5-1-19 所示。

①无影静物。例如玻璃,从产品底部打光,可以避免反光。

②服装类商品。房间的门窗全打开,防止产生色差,实拍居多。

③食品类商品。可添加色拉油等增强视觉食欲效果等。

图 5-1-19　不同产品拍摄方式

三、商品拍摄方案制订

（一）产品图片拍摄步骤

产品图片拍摄主要分为以下 4 个步骤：

①确定拍摄需求标准，准备产品拍摄工具，制订产品拍摄方案，根据拍摄方案进行产品拍摄。

②确定拍摄的目的、用途、产品及数量、角度、场景、光线等。

③产品拍摄工具准备：静物箱、灯光、光源、拍摄器材、构图小工具等。

④制订产品拍摄方案，明确拍摄目的及要求，准备拍摄道具、用光、器材，确定拍摄方法等。

（二）确定产品拍摄标准、工具和方案

1. 确定拍摄需求及标准

明确此次拍摄的目的、用途、产品及数量、角度、场景、光线等。

产品拍摄标准见表 5-1-1。

表 5-1-1　产品拍摄标准

拍摄目的及要求	确定图片的用途及要求，包括产品及数量
主体构图	构图必须完整，不得裁边角，拍摄产品占据画面中心，并保证产品居中
曝光	保证商品图片曝光正常，尽量还原真实色彩
细节	局部构成要体现产品细节、做工和卖点。微距应选择 85～135 mm 进行拍摄。突出消费者最想了解的一面，如特色功能、型号、品牌等
布光	布光角度要合理，拍摄主体位置控制在两灯交叉点
拍摄角度	对产品进行不同角度拍摄，全方位展示产品

2. 准备产品拍摄工具

准备产品拍摄工具，如静物箱/摄影台、灯光、摄影器材、反光板、构图小工具等，如图

5-1-20 所示。

(a)灯箱&摄影支架

(b)背景幕布&三脚架

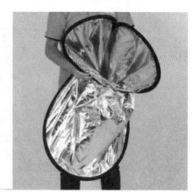
(c)反光板

图 5-1-20　拍摄工具

3.制订商品拍摄方案

制订商品拍摄方案,需要确定拍摄的目标产品、辅助道具、用光器材、拍摄方法等。以下为雅诗兰黛小棕瓶商品拍摄方案的案例展示。

表 5-1-2　雅诗兰黛小棕瓶商品拍摄方案

目标案例	雅诗兰黛小棕瓶	
拍摄目的	用于制作产品卖点图以及海报设计。要求图片清晰,能凸显出产品的特点,并突出品牌	
拍摄道具	小棕瓶、光线、背景布、银色反光板	
用光	暖黄光源	
角度	侧面平摄	
器材	尼康 d810 相机,腾龙 f017, sp, af,90 mm 微距镜头	图 5-1-21　目标案例
成品	拍摄带光源图片,精修背景图	

【 课后练习 】

一、单项选择题

1.下列哪个颜色不属于暖色?(　　　)

A. 蓝色　　　　　　　　B. 红色　　　　　　　　C. 橙色　　　　　　　　D. 黄色

2.对于商品描述(Product Description)字段,以下正确的选项是(　　　)。

A. 为了提高客户购物体验,商品描述中可以粘贴图片

B. 商品描述需要客观描述所售商品,不能有任何与商品信息本身无关的信息

C. 商品描述中不可以进行品牌介绍

D. 为了吸引客户,商品描述中可以充分展示促销信息,如免运费等

3. 如果在图片处理软件中对一张照片添加水印,那么此操作的主要目的是(　　)。

A. 可以有效防止被同行盗用　　　　　　　B. 可以更快打开图片

C. 促进客户下订单　　　　　　　　　　　　D. 可以使图片更加漂亮

4. 拍摄商品的主图背景一般选用(　　)。

A. 纯色　　　　　　B. 杂色　　　　　　C. 花色　　　　　　D. 冷色

5. 在拍摄贵重的商品时,为求其平稳、庄重,一般把商品放在画面(　　)的位置上。

A. 左上　　　　　　B. 右上　　　　　　C. 居中　　　　　　D. 左下

二、多项选择题

1. 高级灰色系搭配是指用(　　)和各种低纯度颜色来设计页面。

A. 黑色　　　　　　B. 白色　　　　　　C. 灰色　　　　　　D. 蓝色

2. 跨境电商平台客户的推广宣传主要包括(　　)。

A. 关联店铺推荐　　　　　　　　　　　　B. 推荐店铺订阅

C. 营销活动推荐　　　　　　　　　　　　D. 新产品推荐

3. 阿里巴巴国际站图片银行支持以下哪几种格式的图片?(　　)

A. PNG　　　　　　B. PCX　　　　　　C. BMP　　　　　　D. JPG

4. 关于产品属性填写,以下说法正确的是(　　)。

A. 自定义属性不应该与系统属性重复

B. 自定义属性填得越多,搜索结果越能靠前

C. 自定义属性的属性名和属性值都需要手动添加

D. 一个属性等于一个展示机会,所以请填全系统给出的属性

5. 精准的 SEO 是从何而来的? (　　)

A. 用户习惯和特点　　　　　　　　　　　B. 本地搜索引擎优化

C. 买家市场精准投词　　　　　　　　　　D. 以上三项都错误

三、实操练习

请根据学习的内容,以“水杯”或“保温杯”为例拍摄一组产品图片。图片要求包含产品主图、细节图、产品详情图以及产品海报。

任务二　店铺图片处理

【学习目标】

知识目标:了解阿里巴巴国际站主图与详情页制作要求;掌握卖点图与主题以及海报优化技巧;了解活动海报制作流程。

能力目标:能够完成主图和详情页的制作与优化。

思政目标:提升审美能力,培养专注的工作态度、诚实守信的品行和精益求精的工作品质。

【工作情景】

郭茂在拍摄了大量的照片后,需要对图片进行筛选处理和优化,以选择合适的图片在跨境电商平台上进行产品的展示,达到引流和促进购买的目的。

一、主图与详情页图片优化

(一)阿里巴巴国际站主图基本要求

系统要求包括文件大小、图片格式和图片尺寸 3 个方面。具体要求如下:主图单张不超过 5 MB 的大小,支持 JPEG、JPG、PNG 格式。图片大于 640 px×640 px,主图鲜明,图片清晰,提升买家满意度。

1. 主图尺寸大小

系统要求图片尺寸大于 640 px×640 px,建议制作主图尺寸为 750 px×750 px(它的尺寸可以更好地兼顾 PC 端和手机端)。产品主图必须保证清晰可见,不模糊,640 px 为手机可见高清像素,像素越大,图片越清晰,图片文件越大。

2. 主图格式选择

图片的常见格式有 JPEG、JPG、PNG、GIF 等格式。

JPEG 和 JPG 是网络上最流行的图像格式文件,相对较小。

PNG 支持通道透明度保存,可以单独保存产品图片,无背景。

GIF 动态图片文件相对较大。

建议主图格式保存为 JPEG 和 JPG 格式,这种格式的图片文件较小。注意,PNG 格式一般用于产品抠图后保存,GIF 格式主图不支持上传,但可应用于旺铺装修。

3. 主图的文件大小

主图文件大小影响网页的加载速度。考虑到网速流量及用户的浏览体验,应该选择在保持产品图片清晰度的前提下尽量控制文件大小。

系统要求单张图片文件大小不超过 5 MB,但建议单张图片文件小于 400 KB。因为文件太大的话,客户加载的时间就比较长,很容易出现加载不出来的情况,客户就会关掉这个页面,从而影响客户的购物浏览体验。

4. 主图优化建议

(1)基础门槛

为了给阿里巴巴的买家打造体验更佳的线上浏览环境,助力供应商更高效地网罗线上买家,阿里巴巴于2017年7月中旬开始,在搜索诊断中心增加提示,需优化主图,也就是第一张图片的产品,供大家定向优化,提升整体图片质量,同时在发布产品时会有3个基础门槛。

3个基础门槛要求必须满足,否则无法发布商品。新发商品或编辑原有商品时,不满足以下任一条件(类似750 px×750 px,1 000 px×1 000 px尺寸大点的,近似正方形的都可以),都将无法发布。已发商品,系统会检测出来,推送至搜索诊断中心产品诊断页面,卖家需要尽快做优化,优化要求如下。

①图片大小:不超过5 MB。

②图片比例:近似正方形,比例在1:1到1:1.3,或者1.3:1到1:1之间。

③图片像素:大于350 px×350 px。

(2)主图背景与构图

背景:建议用浅色底或虚化的素色自然场景,推荐使用白底,如浅色产品可以用深色背景。不建议用彩色底及杂乱的场景背景。

主体构图:商品主题展示大小合适,构图居中,组图展示商品正面,商品主题暂时不宜过大、过小、不完整、多图拼接,以突出商品主题为宜。

合格的商品主图应做到背景无干扰,商品清晰突出,同时商品主题展示大小合适,构图居中,展示商品正面,如图5-2-1所示。

图5-2-1 合格主图

有的产品图片要么背景杂乱,要么背景色和产品太接近,甚至有的图片里出现其他品牌Logo,这些都是不合格的背景图,如图5-2-2所示。还有的产品图片产品展示过小或者部分展示,或者有的产品过多导致主体产品不突出,这些都是需要被优化的产品主图,如图5-2-3所示。

（a）背景杂乱　　　　　　　（b）背景色和产品太接近　　　　　（c）出现其他品牌Logo

图 5-2-2　主图背景不合格

（a）产品展示过小　　　　（b）产品过多导致主体产品不突出　　　　（c）产品部分展示

图 5-2-3　主图构图不合格

（3）主图 Logo 与文字边框

Logo 统一摆放在图片左上角，建议用英文，如图 5-2-4 所示。

图 5-2-4　合格 Logo

　　主产品图片上不宜出现文字、水印、促销类文字、二维码、认证标志、边框等干扰产品展示的信息。

　　有的 Logo 叠加在产品上或者没有展示在左上角,或者有的 Logo 太贴边,是不符合 Logo 要求的,如图 5-2-5 所示。有的主图有许多文字或者出现边框,含认证、二维码等信息,这些也是需要被优化的产品图,如图 5-2-6 所示。

（a）Logo叠在产品上　　　　　　（b）Logo贴边　　　　　　（c）Logo展示在非左上角

图 5-2-5　主图 Logo 不合格

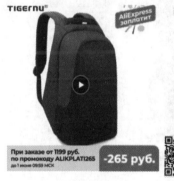  

（a）主图带文字　　　　　　（b）主图带二维码　　　　　　（c）主图带边框、认证

图 5-2-6　主图边框不合格

　　(4)主图尺寸与图片数量

　　图片尺寸建议不小于 640 px×640 px。虚线框为产品展示区域,图片清楚不模糊,呈正方形,白底或纯色的需要四周预留边框。

　　建议三张图片以上,包括正面、背面、侧面细节(产品或标签细节),如图 5-2-7 所示。

　　主图要求为正方形,图片清晰,产品突出,展示有逻辑,但是在实际操作过程中很多主图存在或多或少的问题,比如长宽比例非正方形,产品背景色过深,产品不突出,产品图片不清晰,展示无逻辑无细节或者展示图片过少,如图 5-2-8 和图 5-2-9 所示。

　　(5)主图亮度对比度与图文信息

　　图片的亮度和对比度能清晰展示商品主体。

　　产品和主产品图片必须一致,产品图片和实际销售产品必须一致,如图 5-2-10 所示。

(a)图片正方形，主图清晰且突出　　　　　(b)图片展示有逻辑

图 5-2-7　主图尺寸数量合格

(a)图片长宽比例非正方形　　　　　　(b)产品不清晰

图 5-2-8　主图尺寸不合格

(a)图片展示无细节　　　　　　(b)图片过少

图 5-2-9　主图数量不合格

(a)亮度对比合适，主图清晰　　　　　　(b)产品名和产品图片一致

图 5-2-10　主图亮度、图文信息合格

　　上传产品图片时亮度对比度和图文信息至关重要，偏暗商品能见度不高，图片对比度弱,商品识别困难;图片产品名和产品图片不一致造成客户认知混淆,这些都是直接影响客户购买决策的因素,如图 5-2-11 所示。

 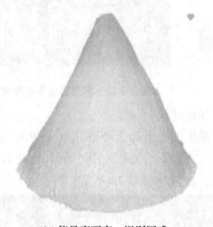

(a)亮度对比不合适　　　　　　　　　(b)能见度不高，识别困难

(c)产品名和产品图片不一致

图 5-2-11　主图亮度、图文信息不合格

（二）阿里巴巴国际站详情图基本要求

1. 详情图要求

阿里巴巴国际站详情图相关要求如图 5-2-12 所示。阿里巴巴国际站图片尺寸为 750 px ×800 px。图片数量普通编辑不超过 15 张，智能编辑不超过 30 张。图片大小 3 MB 以内。图片格式支持 JPEG、JPG、PNG。在详情图中 PNG 格式的图片，如果背景色为透明，上传后背景色会变为黑色。其他要求跟主图大致一致。

图 5-2-12　阿里巴巴国际站详情图要求

2. 产品详情图优化建议

详情图没有产品主图要求那么严格，图片的风格可以多样化。详情图重点是需要突出产品卖点，可以针对产品卖点，做创意图片设计，也可以添加相应文字描述，方便买家快速理解产品核心优势或卖点，如图 5-2-13 所示。

图 5-2-13　详情图优化案例

二、活动图与海报定制思路

（一）活动图与海报定制要点

活动图与海报图的制作要点就是围绕视觉营销进行优化设计。做好视觉营销需要做到突出主题、美化产品和模特、做好视觉设计。

1. 突出主题

主题可以是价格、折扣等促销内容，或是产品卖点和优势，核心信息应该放在视觉焦点上，让买家能快速懂得海报所表达的内容，如图 5-2-14 所示。

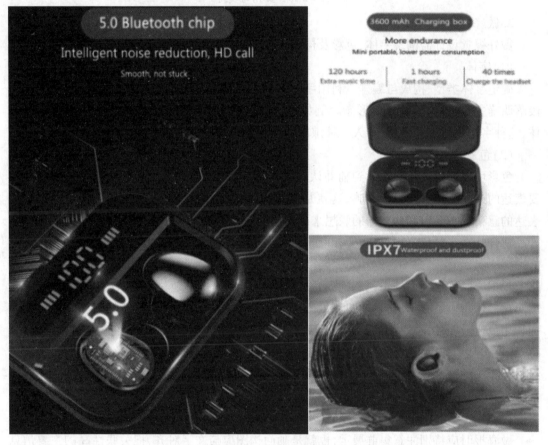

图 5-2-14　突出主题

2. 美化产品和模特

产品图片要符合目标人群审美特征，包括国家、性别、年龄、人群定位（学生、家长、上班族），符合目标人群的心理期望，模特应与目标人群特征相符，也要和产品特点吻合。关键是要形成投射效应，通过美化产品和模特，能够让消费者把自己想象成画面中的模特，想象自己使用产品后的效果，从而购买产品，如图 5-2-15 所示。

图 5-2-15　美化与模特

3. 做好视觉设计

做好视觉设计需围绕字体、色彩及构图 3 个方面进行综合考虑。

（1）字体

确定字体类型、构成与编排。利用字体制造协调感，打造富有韵律美的协调版面；利用段落明确主次关系，呈现规律形态。例如，宋体是女性护肤品或珠宝类产品一般常用的字体，这种字体比较有艺术感，给人一种谦虚的感觉。黑体则更适合于男性用品。

（2）色彩

色彩可以通过人的双眼起到辅助认知的作用。利用色彩本身会产生的联想功能，让需要表达的产品能够引起视觉共鸣，这就是色彩的意义所在。所以公司产品上新要根据所想表达的意义或想要引起什么样的联想来确定画面主色与辅助色。主要注意 3 个方面：公司、产品适合什么主题色；色彩之间要相呼应和统一；色彩感情要与想要表达的内容相一致，不能冲突。

根据主题确定画面的主色和辅助色。大面积用色尽量不超过 3 种，注意主色与辅助色的对比。色彩也是有感情的，如图 5-2-16 所示。一般图片都有主色调、辅助色和对比色，大面积用色比较明显，小面积的颜色是辅助色，所以图片颜色看起来大致上是红色、橙色、黄色、绿色、蓝色、紫色、黑色和白色。我们看海报最多的就是红、橙、黄、绿这样的颜色，跟清洁科技类相关的商品则更多选择蓝色。色彩用得好可以使我们的主题表达更加出众，效果加倍。

（3）构图

做海报时应特别注意集群展示，也就是画面构图应与文字对齐，把关联性高的主要信息组合在一起，便于一次性传达。

①画面构图。常见画面构图有左中右结构、左右结构和三角构图 3 种方式。

②文字对齐。左对齐及居中对齐较为常用，也比较符合阅读习惯。

在实际操作中，没有把握以及不熟悉的构图方式尽量少用，整体构图和文字的排版保持和谐。如果构图是左中右的构图，文字是从上到下的构图，就容易给人参差不齐的感觉，会让顾客觉得不专业、很随意。

如图 5-2-17 所示，在海报的制作中，模特选择的是年轻女性的形象，蓝色和白色是主色调，蓝色给人一种整洁轻快的印象，搭配白色更显得清爽、明亮，符合年轻女性的特点。字体

| (a)红色 | (b)橙色 | (c)黄色 | (d)绿色 |
| (e)蓝色 | (f)紫色 | (g)黑色 | (h)白色 |

图 5-2-16　不同色彩

选择的是黑体,黑体比较粗大,白色字体显得比较醒目,搭配黄色的辅助色和 618 字眼,整体让人感觉促销力度大。

图 5-2-17　构图

(二)活动海报制作流程

海报制作流程包含以下步骤:确定主题;根据主题确定产品、模特及风格;收集相关素材;将收集的素材与产品模特进行结合,制作海报。

[**案例**]活动图与海报案例解析

海报制作案例如图 5-2-18 所示。

主题：时尚女性5折活动（促销海报）
产品模特：年轻女性服装、饰品
字体：黑体为主
色彩：暖色调为主，以肉橙色作为主色，黄色和褐色为辅助色
构图：左右构图，文字居中对齐

主题：新品上市（产品海报）
产品：护肤品（精华）
字体：宋体为主
色彩：冷色调为主，以深蓝色作为主色，白色作为辅助色
构图：居中式构图，文字居中对齐

图 5-2-18 海报制作案例

【**课后练习**】

一、单项选择题

1.在亚马逊给产品上传图片时,图片的尺寸不得低于( )。

A. 500 px×500 px

B. 800 px×800 px

C. 1 000 px×1 000 px

D. 1 200 px×1 200 px

2.摄影棚布光的一般步骤如下:①加置辅助光;②加置轮廓光;③加置装饰光;④设置背景光;⑤确定主光;⑥审视,以下选项中关于摄影棚布光的步骤正确的顺序是( )。

A.⑤①③②④⑥

B.⑤④②③①⑥

C.⑤①④②③⑥

D.⑤④①②③⑥

3.装饰光与辅助光的不同之处是( )。

A.辅助光是大范围的用光

B.装饰光不以提高暗部亮度为目的

C.辅助光为窄光

D.装饰光一般很强硬

4.背景光的主要作用是( )。

A.改善阴影面的层次与影调

B.使被摄体产生鲜明光亮的轮廓

C.对被摄体的局部或者细节进行装饰

D.烘托主体或者渲染气氛

5.光线的( )最适合表现物体的质感。

A.柔光 B.直射光 C.侧光 D.逆光

二、多项选择题

1.色光三原色指的是哪3种颜色?( )

A.朱红光 B.翠绿光 C.蓝紫光 D.白光

2. 色彩搭配方案由(　　)构成。

A. 主色　　　　　　　　B. 互补色　　　　　　　C. 辅助色　　　　　　D. 点缀色

3. 下列关于全球速卖通产品的图片说法正确的有(　　)。

A. 产品的图片能够全方位、多角度展示产品,大大提高买家对产品的兴趣,所以应该上传不同角度的产品图片

B. 背景白色或纯色,风格统一

C. 图片建议小于 800 px×800 px,让图片展示更加清晰

D. 最多可以同时上传 6 张产品图片

4. 以下哪项关于视觉营销的说法是错误的?(　　)

A. 可以利用色彩、图像和文字等造成冲击力,吸引潜在顾客的关注

B. 视觉营销是做好营销必不可少的手段之一

C. 视觉营销可以增加网站和产品的吸引力

D. 视觉营销就是网络营销

三、实操练习

请以"蓝牙耳机"为例拍摄一组产品图片并按照阿里巴巴国际站规则处理图片,具体要求如下:

1. 尺寸比例:建议 640 px×640 px 以上。

2. 图片数量:建议 3 张以上,可以展示 SKU(Stock Keeping Unit,库存量单位),产品正面、背面、侧面细节,商品标签细节等。

3. 主体:大小适中,居中展示,不宜过大过小、不完整。

4. 背景:建议浅色或纯色底,推荐使用白底(如浅色产品可用深色背景),不建议用彩色底及杂乱的背景。

5. Logo 及标志:Logo 和认证标志放左上角,Logo 可自行设计。

任务三　视频剪辑与营销

【学习目标】

知识目标:了解阿里巴巴国际站主图视频与详情页视频制作要求;掌握阿里巴巴国际站视频制作方法及工具应用;掌握视频编辑优化技巧。

能力目标:能够拍摄和剪辑产品视频并在阿里巴巴国际站上传。

思政目标:通过观看新型冠状病毒疫情期间正能量的短视频、新闻、公益广告、社会主义宣传片等,提升学生对制度的敬畏和对生命的礼敬。同时通过阅读疫情对跨境电商营销的影响的案例,培养学生新的发展理念。

【工作情景】

为了更好地做好视频营销,达到产品营销与品牌传播的目的,郭茂开始跟着师傅学习视频制作与剪辑等相关内容。

视频营销是视频和互联网的结合,即以内容为核心,创意为导向,利用精细策划的视频内容实现产品营销与品牌传播的目的。

在阿里巴巴国际站中产品视频主要分为产品主图视频和产品详情页视频。

一、阿里巴巴国际站主图视频制作

(一)产品主图视频

1. 主图视频展示

产品主图如图5-3-1所示,在主图右下角有个播放的按钮,说明这个产品是添加了主图视频的。

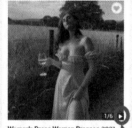

图 5-3-1　主图视频

2. 主图视频基本要求

主图视频是产品给予买家的第一印象,在网店中放上产品主图视频,将使产品的展示更为直观,更具有吸引力。主图视频的基本要求如下:

(1)视频时长

视频时长不超过45 s,不论是无线端的主图视频还是 PC 端的主图视频,其时长要求都在45 s 以内。卖家在拍摄主图视频时,最好时长控制在9~30 s。

(2)视频清晰度

视频清晰度需为480 P 及以上。

(3)视频大小

视频大小不超过100 MB。

(4)视频数量

每个产品只能关联一个视频,每个视频关联不超过20 个产品。

（二）阿里巴巴国际站对主图视频拍摄建议

阿里巴巴国际站对产品视频拍摄建议有两个：一是视频基本要求；二是摄影内容建议。

1. 视频基本要求

（1）画面背景

画面背景尽量素色或虚化，避免背景干扰，与产品信息不相关的内容不要出现，以免侵权。背景画面应干净，无干扰，产品突出，展示产品相关的信息内容。

（2）视频画面展示

建议横屏拍摄，背景能衬托产品，让产品更清晰，注意画面亮度对比度的调整。

（3）视频文件大小

视频分辨率为 640 px×480 px 以上，单个视频大小不超过 100 MB。常见视频分辨率见表 5-3-1。

表 5-3-1　常见视频分辨率

分辨率代号	所属标准	视频像素	备注
480 P	数字电视系统标准	720 px×480 px	DVD/标清
720 P	高清晰度电视标准	1 280 px×720 px	高清
1 080 P	高清晰度电视标准	1 920 px×1 080 px	蓝光/全高清
2 K	数字电影系统标准	2 048 px×1 080 px	全高清
4 K	数字电影系统标准	4 096 px×2 160 px	超高清

（4）视频拍摄时长

视频总时长控制在 45 s 以内，产品展示时长建议不少于 20 s。其他画面，如公司介绍厂房等，不超过整体视频的 1/3。视频时长不宜过短，否则很难看出产品的卖点。

2. 视频拍摄内容建议

（1）主图视频制作建议

主图视频主要通过几十秒的视频分段，将产品的卖点清晰地表达出来，并快速吸引消费者的兴趣，进而促使其达成购买意愿。

主图视频的内容，除了要展示产品的全貌和效果外，还需将卖点清晰明确地展现在消费者面前。

注意：主图视频尽可能将产品完整地呈现，以展现产品优点为主，细节上不必面面俱到，太多的细节展现反而会影响消费者的决策。

（2）服装产品展示

服装产品展示包括：360°展示细节，产品生产工艺（工艺和面料），多个 SKU（如颜色和型号）。机械类产品展示包括：产品 360°展示细节，操作场景和过程。消费电子行业展示包括：产品展示，场景中的操作安装演示，多个 SKU（颜色型号）展示。工厂加工拍摄内容展示包括:产品展示、材料、工艺、样品等,以及工厂的生产能力,如车间(设计、团队生产线)等,如图5-3-2所示。

服装行业

(a)产品展示(产品360°展示、细节)   (b)产品生产过程(工艺、面料)   (c)多SKU(颜色、型号)

机械行业

(d)产品展示(产品360°展示、细节)   (e)操作(场景中的操作、安装演示)   (f)多SKU(颜色、型号)

图5-3-2 产品展示

二、阿里巴巴国际站详情页视频制作

产品详情页视频可以通过短短30 s或者几分钟把一个产品彻底描述清楚,是一个非常好的产品展示方式。值得注意的是,视频不需要考虑太多的创意和传播的问题,详情页视频的主要功能是刺激消费者的询盘,提升转化率。

(一)详情页视频基础要求

详情页视频能够介绍产品的详细信息,完整地展示产品的卖点和优势,并适当展示制作工艺、公司及相关优势。

详情页视频要求如下:

1. 视频时长

视频时长不超过10 min。

2. 视频清晰度及大小

视频清晰度需为480 P及以上,视频大小不超过500 MB。

3. 视频比例

视频比例要求为4∶3,或者是16∶9(主流)。

4. 视频展示位置

视频展示位置在产品详情描述的上方。

(二)详情页视频内容建议

针对详情页视频的内容,更多会选择以商品本身作为视频内容进行展现,重点展示商品细节和特点,让顾客全面了解产品,有条件的可以配上动态字幕解说,再配上产品包装、售后服务等展现,力求符合消费者对产品的需求和期望。若主要展示使用场景,则应该达到让顾客了解产品的使用场景的目的。也可以将详情页视频内容聚焦到商品 Logo、品牌展现、品牌企业定位和文化方面。但建议详情页视频内容还是聚焦在商品本身比较好,可以选择在视频中添加几帧片尾,对品牌 Logo 进行补充说明,提高视频的完成度和专业感。同时可以适当增加背景音乐,减少视频的枯燥性。

（三）主图视频与详情页视频对比分析

主图视频与详情页视频对比分析见表 5-3-2。

表 5-3-2　主图视频与详情页视频对比分析

内容	主图视频	详情页视频
视频时长	不超过 45 s,建议在 9 ~ 30 s	不超过 10 min
清晰度	480 P 及以上	480 P 及以上
视频大小	不超过 100 MB	不超过 500 MB
视频比例	无特殊要求	4∶3 或 16∶9
关联性	每个产品只能关联一个视频,每个视频关联不超过 20 个产品	每个视频只关联一个产品

主图视频是产品给买家的第一印象,产品主图视频将使商品的展示更为直观,更具有吸引力。详情页视频拍摄可参考主图视频拍摄方式,但详情页视频相比主图视频有更大的施展空间。大家可以根据产品特点、使用场景、安装性能以及买家较为关切的部分进行拍摄展示。

三、视频制作方法及主要工具

（一）产品视频的制作方法

常见的产品视频制作方法有手机录制剪辑、专业摄影工具录制剪辑、第三方软件生成视频。

1. 手机录制剪辑

使用手机拍摄最好提前准备好三脚架、小型滑轨和手持稳定器等辅助设备,有利于帮助我们更好地完成视频的拍摄。完成拍摄后也可以使用手机视频编辑软件进行后期加工处理,如 iMoive、小影视频剪辑、Vlog 等。

2. 专业摄影工具录制剪辑

使用专业的摄影工具,如单反相机、摄像机等进行拍摄,可以获得画质更好的视频,但需要结合使用视频编辑软件进行加工制作。常用的视频剪辑与后期处理软件有 Premiere、After Effects、Audition,分别是视频剪辑、后期特效和音频处理软件。

3. 第三方软件生成视频

使用第三方工具来生成视频,可以减少拍摄的烦琐流程,一般使用现有图片进行视频制作,如绘声绘影软件、爱剪辑软件。

(二)产品视频剪辑基本标准

视频剪辑与制作基础要求包括把控基础质量、视频美感及完整展示视频内容。

基础质量包括画面、清晰度、画面比例、视频时长等。

视频美感包括场景字幕和画面稳定性等。

视频内容包括产品多角度展示、产品细节、产品使用方法和使用场景等。

(三)视频的编辑和优化技巧

视频编辑优化可以通过手机视频剪辑软件或者电脑视频剪辑软件完成。专业的产品视频优化要点主要包括片头片尾制作、字幕添加处理、视频转场过渡和背景音乐等。主要优化内容见表5-3-3。

表5-3-3　视频优化内容

片头片尾	字幕添加	转场特效	背景音乐
Logo 展示,凸显品牌定位	添加文字,辅助产品说明	视频图片切换,画面过渡自然	丰富视听效果,减少枯燥

音乐是吸引注意力的重要手段,一个优质的短视频需要有与之相配的背景音乐作为衬托,视频才不会单调粗糙,并且整个视频效果会更具完整性,更专业。比如,选择在片头添加产品视频音频,有利于增强视频开场力度,达到引人入胜的效果。同时要注意,产品视频背景音乐应尽量选择简单轻快的音乐,纯音乐类型是很好的选择。

【课后练习】

一、单项选择题

1.最大的社交媒体新闻聚合网站是( )。

A. Reddit　　　　B. YouTube　　　　C. Facebook　　　　D. 抖音

2.以下哪项不是主图视频的基本要求?( )

A. 视频时长不超过 45 s

B. 清晰度需为 480 P 及以上

C. 视频大小不超过 100 MB

D. 每个产品只能关联一个视频,每个视频关联可超过 20 个产品

3.常用的专业视频剪辑与后期处理软件不包括( )。

A. Premiere　　　　B. After Effects　　　　C. iMovie　　　　D. Audition

4.视频基础质量不包括( )。

A. 字幕　　　　B. 画面　　　　C. 清晰度　　　　D. 视频时长

二、多项选择题

1. 下列哪些属于阿里巴巴国际站详情页视频的要求?( )

A. 视频时长不超过 10 min

B. 视频清晰度为 480 P 及以上

C. 视频大小不超过 500 MB

D. 视频比例要求为 4∶3,或者是 16∶9

2. 视频内容包括( )。

A. 产品多角度展示

B. 产品细节

C. 产品使用方法

D. 产品使用场景

三、实操练习

通过对阿里巴巴国际站主图视频和详情页视频要求的学习,以手机为例,拍摄主图视频和详情页视频,并使用手机视频编辑软件进行后期加工处理(片头片尾制作、字幕添加处理、视频转场过渡和添加背景音乐等)。

项目六　产品发布

任务一　玩转关键词与标题制作

【学习目标】

　　知识目标:了解关键词的含义与作用;掌握关键词筛选技巧;掌握收集关键词的各种方法及关键词表制作。

　　能力目标:能正确填写商品的名称及关键词;能制作与整理关键词表。

　　思政目标:通过各种关键词搜索方法,提升学生互联网思维能力。

【工作情景】

　　产品发布是网站建设的基础,也是最关键的一步。接下来郭茂将学习如何收集、填写关键词以及标题,打造产品详情页面以及熟悉产品发布的整个流程,并将公司的主打产品在阿里巴巴国际站发布。

一、认识关键词

(一)关键词的定义与作用

1.关键词的定义

关键词即产品名称的中心词,是对产品名称的校正,便于系统快速识别匹配、买家搜索,是能让买家尽快地搜索到产品的核心工具。

2.关键词的作用

关键词是匹配客户搜索的重要因素,当输入关键词进行搜索时,系统会匹配标题里面含有该关键词的产品,再根据商家产品的综合质量分数,由高到低推送产品给客户。

例如,苹果手机,和它匹配的关键词有 6 个(iphone XS、Apple phone、IP XS、ios phone、5.8inch phone、XS)。发布产品前需要知道客户对这款产品的习惯叫法有哪些,这样才能让客户准确地找到产品。

(二)关键词的筛选标准

一个产品会有很多相关的关键词,但并不是所有关键词都可以拿来使用,关键词筛选主要依据以下 4 个方面：覆盖率高、搜索指数高、对应产品排名靠前、避免侵权。

1. 关键词覆盖率

客户通过关键词能够搜索到产品，关键词覆盖越多，就越容易搜到对应产品。假设客户搜索 10 个关键词，我们采用了其中的 3 个关键词，那么我们的关键词覆盖率就为 30%。

2. 关键词搜索指数

关键词搜索指数是某产品被访客搜索的次数指标，数值越大，相应的搜索热度越大。

注意：搜索指数并不是实际的搜索次数，而是根据公式算出来的数值，可以用来衡量一个搜索词的热度，还可以通过分析搜索词的数值，对比哪些搜索词更热门。通过图 6-1-1 的搜索工具，可以搜索到该关键词是不是热搜词。

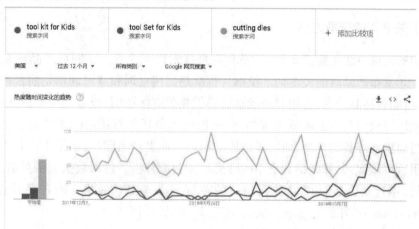

图 6-1-1　关键词搜索指数

3. 关键词对应产品排名

关键词搜索指数、产品质量分以及店铺活跃情况等因素都会影响产品排名。阿里巴巴国际站后台的"排名查询工具"可以直接检测使用该关键词的产品的排名情况，如图 6-1-2 所示。选择能让产品排名靠前的关键词比选取搜索指数高的关键词更重要，因为排名决定了曝光量。

图 6-1-2　关键词对应产品排名

4. 避免关键词侵权

阿里巴巴国际站严禁使用未经品牌方授权的品牌词、协会名称等作为关键词。阿里巴巴国际站实行一站销全球的模式。需要关注店铺主要销往国的商标、著作权等知识产权问题,避免侵权。可以通过以下网站查询该产品是否侵权:国家知识产权局网站(www.cnipa.gov.cn/)、商标查询网站(www3.wipo.int/branddb/en/)和美国商标专利查询网站(www.uspto.gov)。

二、关键词的获取方法

(一)关键词的获取方法

关键词的获取方法主要有8种:①平台首页搜索栏下拉框。②同行产品内页的底部推荐关键词。③发布产品时的关键词下拉框。提醒热门搜索词和蓝海词均是前台搜索数据的客观展示,可能包括品牌词,选用时请确认已提供相关商标证明,或者其他授权证明,对商标词的无权使用导致权利人追溯或究责的,阿里巴巴不负任何直接或间接的责任。蓝海词是海外买家当前正在寻找的产品,而阿里巴巴的网站上此类产品较少,如果生产和供应此类产品可以使用这些蓝海词,或能得到更多的曝光。④数据分析。进入数据分析页面,可以看到关键词指数,不过这个工具可以看到相应的热搜词。⑤RFQ 商机。⑥产品管理。⑦P4P[Pay for Performance(外贸直通车)]关键词工具。⑧场外找词。

1. 平台首页搜索栏下拉框找关键词

在平台首页输入相应的关键词,下拉框会出现相应的一些产品关键词。这些关键词都是平时客户的热搜词,这些热搜词可以收集起来,如图 6-1-3 所示。

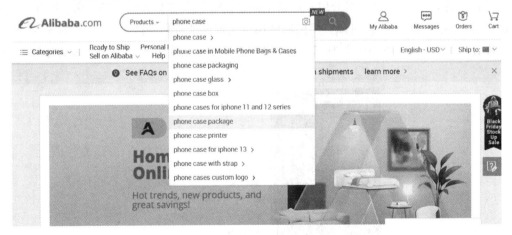

图 6-1-3 下拉框找关键词

2. 同行产品内页的底部推荐关键词

在同行产品内页底部也有一些买家常用的关键词,可以收集起来,如图 6-1-4 所示。

3. 发布产品时产品关键词的下拉框

在发布产品时,填写完产品关键词后也会推荐一些相关的关键词,如图 6-1-5 所示。

图 6-1-4　页面底部推荐关键词

图 6-1-5　发布产品关键词下拉框

4. 数据分析

数据分析查找对应关键词有以下几个板块：

（1）关键词指数

进入阿里巴巴国际站后台，点击"数据分析"，找到"关键词指数"，如图 6-1-6 所示。通过输入产品核心关键词来搜集跟核心词相关的关键词，也可以了解整个核心关键词的搜索指数，这里可以通过时间，也可以通过终端进行筛选。可以了解具体某个国家这个关键词的搜索指数，下面就会有针对核心关键词推荐的热门搜索词，这些热门搜索词也可以采集使用。

（2）访客详情

通过数据分析的访客详情页面来搜索相关的热搜词，如图 6-1-7 所示。通过访客详情页面可以看到曾经浏览过产品的客户。除了客户当前浏览的关键词以外还有哪些偏好词，这些都是可以考虑收集起来的热门搜索词，如图 6-1-8 所示。要重点关注有蓝色标记的客户，这些客户的商业身份确信度更高，蓝色客户搜索的偏好词是要重点收藏的内容。

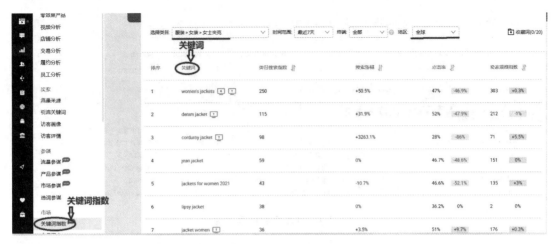

图 6-1-6　数据分析—关键词指数

图 6-1-7　数据分析—访客详情

图 6-1-8　数据分析—访客详情—全站偏好关键词

（3）产品分析

通过数据分析的产品分析，点击产品 360 的分析指数搜索和收集相关的关键词，如图 6-1-9 所示。

图 6-1-9 数据分析—产品分析

（4）引流关键词

通过数据分析的引流关键词来找到相关的关键词。这些词也值得采纳和收集，如图 6-1-10 所示。

图 6-1-10 数据分析—引流关键词

5. 商机沟通—RFQ 商机

通过 RFQ 商机来收集关键词。通过 RFQ 商机进入关键词匹配，也能看到下面推荐的相关热搜词，这些词也可以收集起来，挑选跟产品匹配度高的词来使用，如图 6-1-11 所示。

6. 营销中心—外贸直通车

还可以通过营销中心的关键词推广搜集关键词，如图 6-1-12 所示。通过关键词工具搜索，输入核心关键词，通过搜索就会有很多相关的关键词推荐，这些关键词也可以进行收集。热度高的词也可以组合作为产品的标题。

图 6-1-11　RFQ 商机—关键词匹配

图 6-1-12　营销中心—关键词推广

同时,阿里巴巴外贸直通车的关键词添加方法有 3 种:系统推荐词、搜索相关词以及批量加词。其中,系统推荐词是指根据卖家设定的产品范围,系统自动推荐一批适合产品推广的关键词。其中,有根据产品信息进行推荐的关键词,也有根据买家搜索时曝光过的关键词,这一部分关键词也是我们可以收集的,如图 6-1-13 所示。系统推荐分为综合推荐、高曝光词、高转化词、低成本词、行业关联词。

7.站外找词

另外,还可以通过以下搜索工具搜索关键词:Google Trends、Keyword Tracker、Keyword Discovery、Wordze、SEO Book Keyword Tool、SEO Digger、Keyword Spy、Spyfu 和 Nichebot。

三、关键词表的制作与整理

关键词表的制作与整理分为两个部分:关键词分类、关键词表的制作与整理。

(一)关键词分类

①按产品类型分类,可以分为类目词、营销词、属性词、长尾词等。

图 6-1-13　营销中心—关键词推广—系统推荐

②按关键词关注度分类,可以分为有未收录的新词、蓝海词、飙升词、排名靠前词等,如图 6-1-14 所示。

序号	关键词	是否品牌原词	搜索人气	搜索指数	点击率	浏览-支付转化率	竞争指数	TOP3热搜国家	已发布产品	词来源
1	bowl		1155	4774	0.4188	0.0071	79	br,cz,us	8	关键词指数
2	dog bowl		599	2506	0.5112	0.0404	97	us,ca,lt	3	访客详情
3	pet bowl		469	1681	0.0133	0	13	br,lt,cz	0	引流关键词
4	plastic bowl		446	1621	0.0599	0	16	br,cz,lt	1	访客详情
5	bowling		235	1062	0.2105	0.0035	40	cz,tr,ca	4	关键词指数
6	shaving bowl		106	767	0.5922	0.0146	218	ru,tr,it	3	RFQ
7	hookah bowl		113	670	0.5444	0	155	tr,cz,us	0	引流关键词
8	bowling		25	409	0.0182	0	234	cz,mx,uy	1	RFQ
9	baby bowl		28	309	0.506	0	227	lv,pk,pl	1	RFQ
10	sink bowl		21	143	0.0789	0	127	ru,ie	2	P4P
11	bamboo baby bowl		17	132	0.8571	0	147	hu,bg,us	0	P4P
12	baby plates and bowls		6	125	0.2727	0	1040	lt	0	RFQ
13	replica super bowl ring	y	28	58	0	0	0	us	0	站外
14	super bowl ring	y	13	28	0	0	1	us	1	站外

图 6-1-14　关键词分类

（二）关键词表的制作与整理

关键词表制作注意事项:

①表格可直接从"热门搜索词"导出,再补充添加所需栏目。

②品牌词、侵权词或不符合词直接删除。

③不确定的关键词可利用搜索栏查询,看搜索结果是否与自身产品相符。
④表头增加筛选功能方便查找。

四、标题制作技巧

（一）标题的作用

标题指的是产品的名称。在阿里巴巴国际站用关键词搜索产品时,所出现的产品标题都带有该关键词,可见,标题是最大的关键词。好的标题可以让客户快速搜索到产品,并且被标题描述所吸引,进而产生点击。

（二）标题的编写格式

标题编写以女士夏季连体服为例,如图 6-1-15 所示。

图 6-1-15 标题案例

营销词:Hot Selling(热销)、Sexy(性感的)、Summer(夏季)。

属性词:Backless(露背)、Deep V Neck(深 V)、Floral Printed(花卉印花)、Boot Cut（连体)等。

关键词:Women Playsuits(女式运动服)、Summer Jumpsuits(夏季连衣裙)、Playsuits Floral(花式运动服)、Jumpsuits for Female(女式连体衣)等。

Hot Selling Women Sexy Backless Halter Deep V Neck Boot Cut Playsuits Summer Floral Printed Jumpsuits

产品标题可以由营销词+买家偏好词或属性词+核心关键词组成;也可以由修饰词/营销词/属性词等+核心关键词+应用场景组成。

（三）标题编写注意事项

1. 标题制作要点

①不能写重复的标题,尤其是批量处理标题的时候,标题与标题之间绝对不能重复。

②新品期的产品,在标题拟定的策略中可以设定一些精准词和长尾词。

③标题的长度最多为128个字符,注意字符数不等于单词数,全球速卖通标题中的字符一般由字母和数字构成,包括标点符号和空格,一个空格等于一个字符,词与词之间要加空格,尽量控制在80个字符左右。

④在设置标题的时候要把能够突出产品卖点,精准描述产品的词放在前面,并且应该放在尽量靠近关键词的位置。

2. 标题制作注意事项

①避免堆砌,滥用关键词——不要把多个关键词在名称中重复累加。产品标题中含多个不同的名称,买家用这些不同的名称搜索都能搜索到该产品吗？其实这是个误区,产品名称罗列和堆砌不但不会提升产品的曝光度,反而可能降低产品与买家搜索词匹配的精度,从而影响搜索结果,影响排序。

②标题长度控制在80个字符左右显示效果最佳。产品的名称以能恰当地突出产品优势特性为佳,不要过短,也不要过长。买家搜索词是有50个字符限制的,名称太长就跟买家搜索词匹配度不高。

注意:产品名称即产品标题是买家搜索的第一匹配要素。

③标题避免无明确商品名称、带有联系方式、图文不符等相关明确违反阿里巴巴站点政策的错误。

④阿里巴巴产品名称中慎用特殊符号"/""–""（ ）"等,可能被系统默认成无法识别字符,影响排序。如需使用,请在符号前后加空格,请勿输入中文字符。

⑤如需加for和with突出产品属性和用途,核心词在with和for前。

⑥标题中禁用未经授权的品牌词。

侵权是首先应当避免的,不然轻则扣分重则关店,会得不偿失。

【 课后练习 】

一、单项选择题

1. 产品标题最多可以填写(　　　)个字符。

1. 60　　　　　　　　B. 70　　　　　　　　C. 80　　　　　　　　D. 128

2. 按关键词关注度分类,可以分为(　　　)、蓝海词、飙升词、排名靠前词等。

A. 未收录的新词　　　　　　　　B. 营销词

C. 修饰词　　　　　　　　　　　D. 核心关键词

3. 标题的书写格式:产品标题＝营销词+属性词+(　　　)。

A. 修饰词　　　　　　　　　　　B. 应用场景

C. 买家偏好词　　　　　　　　　D. 核心关键词

4.以下关于 P4P 的说法正确的是(　　　)。

A.P4P 点击扣费等于该词出价最高的价格

B.P4P 推广关键词,有系统推荐词,不可以手动添加

C.P4P 的快捷推广可以引来更多流量,但流量不够精准

D.P4P 推广每日的花费设置最低为 80 美元

5.标题长度控制在(　　　)字符左右显示效果最佳。

1.50　　　　　　　　　　B.128　　　　　　　　　　C.80　　　　　　　　　　D.60

二、多项选择题

1.关键词筛选的主要依据有(　　　)。

A.覆盖率高　　　　　　　　　　　　　　B.搜索指数高

C.对应产品排名靠前　　　　　　　　　　D.避免侵权

2.关键词查找的方法有以下几种?(　　　)

A.数据分析—关键词指数　　　　　　　　B.首页下拉框推荐词

C.数据分析—行业视角　　　　　　　　　D.产品发布—关键词推荐

3.关于产品标题制作,以下正确的是(　　　)。

A.标题需包含关键词,并突出产品属性卖点

B.标题避免无明确商品名称、带有联系方式、图文不符等

C.特殊符号"/""–""( )"等,可能被系统默认成无法识别字符,影响排序,请勿输入中文字符

D.如需加 for 和 with 突出产品属性和用途,核心词在 with/for 前

4.以下不属于衡量关键词推广效果的指标是(　　　)。

A.曝光量　　　　　　　　　　　　　　　B.点击率

C.点击转化率　　　　　　　　　　　　　D.投入产出比

三、实操练习——标题制作

假如你要发布一款手表,请根据下列关键词组合成一个标题。

提供的关键词为:

①营销词:2021 Newest Style(最新款)、Top Selling(畅销)

②属性词:Digital(数字的)、Luxury(奢侈)、White(白色)、Pearl(珍珠)、High Quality(高品质)、for Girls(女式)

③主关键词:Wrist Watch(手表)

要求:

1.标题精准,有吸引力,有营销词、属性词和热搜词,字数不超过 80 个英文字母。

2.标题符合英语语法,没有拼写错误。

任务二　产品详情页打造思路

【学习目标】

知识目标:了解产品详情页描述的内容,熟悉详情页描述内容的相关要求和布局。

能力目标:能够通过智能编辑和普通编辑两个工具设置产品详情页面。

思政目标:通过 B2C 和 B2B 不同排版内容对比,培养学生重视品牌意识和企业文化推广;详情页影响产品转化,要诚实守信,不要弄虚作假。

【工作情景】

产品详情页能让买家更好更详细地了解产品,增强流量转化为询盘和订单。接下来郭茂将学习产品详情页的内容及相关要求,对详情页部分进行排版布局。

一、影响询盘的主要因素

(一)买家询盘过程

买家给卖家发询盘,需经历 3 步。

1. 找到卖家

通过关键词搜索、类目、首页、活动页,看到卖家的产品,称为入口。

2. 点击产品

买家会判断显示的产品与其输入的关键词是否匹配,当主图足够吸引买家才会点击。

3. 浏览详情页

详情页是决定客户是否发询盘的最重要的因素。想在详情页中引起买家询盘的欲望,核心就是做好详情页面的优化。

(二)详情页设计前的准备

详情页设计前需要对相关的内容信息进行数据采集及分析,从而整理相关素材。详情页的内容包括内容准备、素材收集、图文表整理。要想做好详情页,需要做到知己知彼,了解用户。知己,就是全方位了解自身产品,学会挖掘产品的卖点;知彼,就是了解优秀同行如何设计和展示卖点。了解用户就是浏览海外卖家的店铺,了解其设计风格及产品展示方式,分析当地买家的购买思维及浏览习惯。

(三)产品详情页诊断标准

正常的产品转化率为 10∶1,即有 10 人浏览了详情页,至少有 1 个客户发来询盘才算正常。如果没有在正常值,那就需要重点优化详情页了。

产品询盘转化率查询:询盘率等于询盘个数除以访客人数。

打开后台—数据分析—产品分析—按月统计,询盘率结果大于10%为及格。

二、B2B 详情页 FABE 法则

(一)B2B 和 B2C 详情页设计差异

B2B 跟 B2C 买家的关注点不同,B2C 是个人购买行为,B2B 更多的是企业购买行为。

B2C 买家会比较关注产品款式、材料功能、价格或者评价,才决定是否购买。

B2B 是企业与企业的行为,大部分可能是企业、工厂,或是批发商、经销商,他们不单关注产品款式、功能及质量,还会关注公司实力、供货能力、是不是工厂,他们都希望跟工厂合作,获取最优惠的价格,因此 B2B 采购考虑得更全面。

(二)B2B 详情页 FABE 营销法则

B2B 详情页 FABE 营销法则分别指的是 Feature(属性)、Advantage(优势)、Benefit(益处)、Evidence(证明)四大要素。一个合格的 B2B 详情页,应该涵盖这四大要素。

1. Feature

Feature,即你的产品所具有的属性,包括材质、结构、功能、包装。

2. Benefit

Benefit,包括供货能力和利润。

3. Advantage

Advantage,包括核心优势及产品卖点,例如,手表可以在运动时使用,要重点提炼产品卖点。

4. Evidence

Evidence,包括认证、与客户的合照、展会和生产线等公司实力。

(三)B2B 详情页排版思路与优化技巧

1. B2B 详情页排版类型

产品详情页排版根据产品优势、竞争力以及客户浏览习惯进行综合考虑。全球买家众多,每个买家的关注点不一样,需要不断优化排版,测试出最适合自身的产品排版方式。

企业排版有两种思路:一种是产品导向型排版思路;另一种是企业导向型排版思路。

(1)产品导向型排版思路

产品导向型排版思路突出产品介绍,重点展示产品优势,即核心竞争力。页面前半部分

以产品模块居多,结尾适当补充公司介绍,这是主流的排版思路。

(2)企业导向型排版思路

企业导向型排版思路突出公司实力、成功案例、知名合作伙伴、贸易生产能力。页面的前面几张图片简单介绍产品,后面的图片重点展示公司实力,结尾适当补充产品说明,适用于少数大型企业。

2. 产品详情页排版建议

以产品导向型为例,主要包括以下排版内容:

①产品标题直接复制标题,增强详情页与标题的相关性。

②产品主图 2~3 张,展示 2~3 张整体的产品主图,可以是正面图或侧面图。

③产品细节图 2 张,针对材质、做工细节等进行多角度展示。

④产品信息以表格的形式呈现,描述产品属性及优势。

⑤产品优势 3 张,对核心产品优势进行提炼呈现,包括材质、结构、功能、包装。

⑥公司实力图 3 张拼图展示,包括参考信息、客户合照、展会、生产线、团队、展厅图等。

⑦针对客户常见的问题,提供 FAQ 板块进行答疑。

⑧同类产品推荐 2 张。客户有可能不喜欢当前产品,可以用同类产品吸引他,超链接到该产品介绍页。

⑨回到首页 1 张,当客户浏览完产品,引导客户去首页浏览更多产品,超链接到首页。

【课后练习】

一、单项选择题

1. FABE 营销法则分别指的是( )、Advantage(优势)、Benefits(益处)、Evidence(证明)四大要素。

A. Features(属性)　　　B. Facility(设备)　　　C. Fact(事实)　　　D. Factor(因素)

2. 以下哪一项不应出现在公司简介文案中?( )

A. 公司愿景　　　B. 主营产品　　　C. 公司价值　　　D. 公司诉讼

3. 在阿里巴巴国际站中产品详情页的普通编辑最多能上传( )张图片。

A. 10　　　B. 15　　　C. 18　　　D. 无限制

4. 正常的产品转化率为( )。

A. 5:1　　　B. 10:1　　　C. 15:1　　　D. 20:1

5. ( )是决定客户是否下询盘的最重要的因素。

A. 标题　　　B. 图片是否美观　　　C. 关键词　　　D. 详情页

二、多项选择题

1. 企业排版的思路有( )。

A. 产品导向型排版思路　　　　　　　B. 企业导向型排版思路

C. 买家导向型排版思路　　　　　　　D. 流量导向型排版思路

2. 阿里巴巴国际站的产品详情描述可选( )。

A. 智能编辑　　　B. 普通编辑　　　C. 图文编辑　　　D. 文字编辑

3. 产品详情页优化包括哪些细节？（　　　）

A. 在详情页内再次添加标题，可增强详情页与标题的相关性

B. 图文表元素的完整性会影响产品质量评分从而影响产品排名

C. 模块分类清晰会显得有条理，更方便客户浏览

D. 引流产品尽量推荐相关性高的同类产品

三、实操练习

假如你要发布一款笔记本电脑，请按照下面的要求为笔记本电脑制作一份详情描述。

要求：

1. 图文表结合。

2. 模块分类。

3. 产品推荐。

4. 旺铺引流。

任务三　产品发布流程体验

【学习目标】

　　知识目标：了解产品发布规则；熟悉产品发布全部流程；熟悉多语言产品发布流程。

　　能力目标：能够独立完成普通产品发布和多语言产品发布。

　　思政目标：培养学生语种的多样性和文化的多样性；了解中国汉字和中华文化的广泛传播；培养学生家国情怀和树立民族自信。

【工作情景】

关键词表整理好了，产品标题也编写好了，终于到了郭茂期待已久的产品发布环节。接下来郭茂将学习产品发布的规则和流程以及多语言产品发布流程。

一、产品发布素材准备

产品发布时需要填写的内容包括关键词表、标题表、组图 6 张、参数表（参数价格）、详情页描述。主要包括 3 个方面的相关素材：产品素材、公司素材、工厂素材。

（一）产品素材

产品素材主要是与产品有关的图片、视频和参数等资料。

1. 产品图片

产品图片包括主图、细节图、同类推荐产品、内页图和使用场景图。

2. 产品视频

产品视频主要是产品的使用视频，或者产品的文化推广。

3. 产品参数表

产品参数表包括型号、材质、工艺和尺寸,还有包装及运输图。

（二）公司素材

公司素材主要是与公司团队资质服务有关的图片和资料,具体包括公司图片(公司图片包括公司前台办公场景和团队等)、公司介绍文案以及资质证书等。

（三）工厂素材

工厂素材主要是与生产车间、生产工艺流程相关的图片。

二、产品发布注意事项

（一）产品发布规则

需发布真实准确、合法有效的产品信息。真实准确是指用户发布的信息应与实际情况一致,禁止出现虚假或夸大的情形。合法是指用户发布的信息不得违反国家法律法规,即阿里巴巴国际站禁限售规则。有效指用户发布的信息应符合电子商务英文网站的定位。

若发布含有他人享有知识产权的信息,应取得权利人许可,或者属于法律法规允许发布的情形,禁止发布假货、仿货等侵犯他人知识产权的信息,未经权利人许可,不得发布含有奥林匹克运动会、世界博览会、亚洲运动会等标志的信息。

（二）产品发布规则总览

很多产品发布规则可查看阿里巴巴国际站规则总览(https://rule.alibaba.com)。

（三）产品发布违规

违规产品将不被展示。违规具体包括重复铺货、类目错放、图片质量不佳、标题拼写错误、标题堆砌、标题缺少核心产品词、产品信息冲突、价格不合理、产品信息不完整等。

三、产品发布流程

（一）产品发布流程

对基本信息进行填写,具体包括产品类目、产品名称、关键词、产品分组和产品属性、产品描述、交易信息、物流信息、特殊服务。信息填写完整后,需要检验产品信息质量分。右上角点击产品信息质量检测,满分为 5 分,当检测到产品 4 分以上再进行发布。产品信息质量的检测维度包括产品类目、基本信息、产品详情、交易信息和物流信息。系统会从这 5 个方面检测产品信息质量,并实时反馈质量问题,如图 6-3-1 所示。

产品发布后可以根据产品质量评分进行产品优化,尽可能达到精品等级。如果产品质量评分在 4.8 分以上,那就是精品产品;如果产品质量评分低于 3.7 分高于 2.2 分,那就是普通产品,需要优化;如果低于 2.2 分,需要重新发布。

图 6-3-1　产品发布评分

（二）产品类目

根据产品的实际情况选出最佳类目,在不确定产品类目的情况下,建议参考同行,可输入产品关键词选择类目,如图 6-3-2 所示。2021 年 9 月 16 日以前,产品类型可选直接下单品或者非直接下单品,也就是现货产品和定制产品的区别,两者只在物流信息填写方面有区别。2021 年 9 月 16 日开始,阿里巴巴对后台产品进行变更,变更后直接下单品（RTS 商品+直接下单品）修改为 Ready to Ship（RTS 商品）,非直接下单品修改为 Customization,已经发布但不符合 RTS 商品现行标准的直接下单品和对任何国家均无明确运费的 RTS 商品,将被提示为"待整改 RTS 商品",需要卖家根据提示进行整改。新版本产品类型选择页如图 6-3-3 所示。

图 6-3-2　选择产品类目

（三）产品名称、关键词和产品分组

产品名称、关键词和产品分组是每个发布产品的基本必填信息,如图 6-3-4 所示。

图 6-3-3　产品类目和下单类型

以标题格式,按照"修饰词+核心关键词+应用场景"填写。

例如,hot summer 18inch electric stand fan for home。关键词至少填写一个,最多添加3个。

产品分组是在店铺公开展示产品的集合,可以根据需要设置多个产品组,将同类产品放在一个产品组里,方便买家查看,每个产品只能在一个产品组中。

基本信息 "智能推荐"内容来自平台大数据推荐,需手动输入;系统自动填写内容来自"同店商品复制",以标题加粗形式展示,修改后取消加粗

图 6-3-4　产品名称、关键词、产品分组

（四）产品属性

产品属性包括系统默认属性和自定义属性。

1. 系统默认属性

不同的产品需要填写的系统默认属性项目不同，如水杯需要填写保温性能、是否可装沸水等，如图 6-3-5 所示。

图 6-3-5　系统默认属性

2. 10 项自定义属性

平台还支持填写 10 项自定义属性，如图 6-3-6 所示。自定义属性包括填写的内容，如填写成分、材料、尺码、品牌、型号、产地、质保期限等买家比较关注的产品信息，并尽量不要重复。

作用：产品属性是对产品特征及参数的标准化提炼，便于买家在属性筛选时，快速找到您的产品，一个属性等于一个展示机会。因此，建议大家实际上不定属性。

（五）商品描述—主图

一共可以上传 6 张主图，其中第一张直接展示给客户，如图 6-3-7 所示。主图是影响产品点击的主要因素，也是影响产品质量分的重要因素。

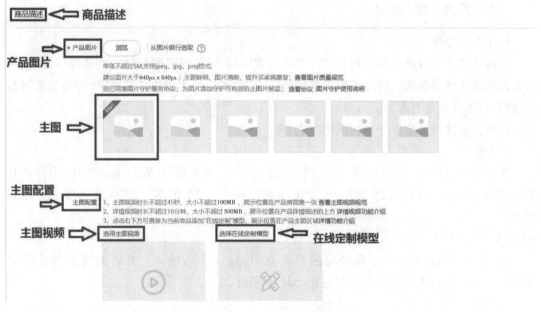

图 6-3-6 10 项自定义属性

图 6-3-7 商品描述—主图

（六）详情页描述视频

视频时长不超过 10 min，视频清晰度需为 480 P 及以上，视频大小不超过 500 MB，视频比例要求 4∶3 或 16∶9，16∶9 是主流。视频展示位置在产品详情描述的上方，如图 6-3-8 所示。

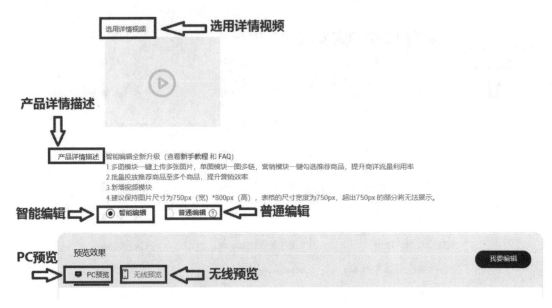

图 6-3-8　详情页描述视频

（七）商品详情页描述

1. 详情页描述

详情页描述是对产品和公司进行详细的图文展示,阿里巴巴国际站的产品详情描述,可选智能编辑或普通编辑。智能编辑有现成的模板,对图片尺寸和数量有要求,普通编辑可自由排版,对图片数量有限制。

详情页描述四大要点分别为图、文、表、视。

（1）图

图包括产品图片、公司图片、工厂图片、团队图片、展会图片、客户来访图片、出货图片等。普通编辑最多可插入 15 张图片,智能编辑能够插入 30 张图片,图片像素要参照模板要求。

（2）文

文包括产品的基础描述和公司的简单介绍,建议手动输入。普通编辑字符上限是50 000 个字符。智能编辑字符上限是 65 535 个字符。

（3）表

表是指产品参数表,要求专业、准确。

（4）视

视包括详情页视频。

2. 详情页模块设置

详情页模块设置包括产品模块、营销模块和公司模块 3 个板块。

（1）产品模块

产品模块包括详情页视频、引流板块、产品图片、参数表、产品描述、产品的应用图片等。

（2）营销模块

营销模块包括店招合作的品牌、热销产品推荐、点击下询盘模块。

（3）公司模块

公司板块包括公司信息、工厂、团队展会、客户来访认证、生产流程、包装及运输、买家的好评和联系方式。最后要能回到主页。建议 40%～50% 的产品信息，50%～60% 的公司信息为佳，如图 6-3-9—图 6-3-12 所示。

（a）Vacuum Oxygen-free Glove Box

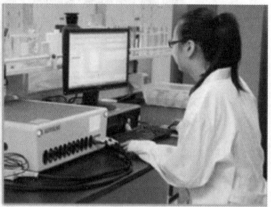
（b）Granularity Test Chamber

（c）Factory

图 6-3-9 工厂信息

（a）Our Team

（b）Korea Exhibition

（c）Germany Exhibition

图 6-3-10　团队展会

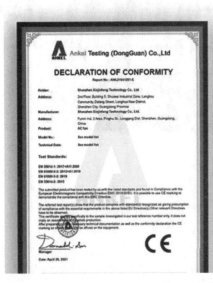

图 6-3-11　认证

Our Service

1.Fast Delivery: In 2-5 days

2.Quality Guarantee: If any quality problems, free replacement will be adopted.

3.Technical Support: 24 hours technical support by e-mail or calling

4.FAQ Email Help: 2 hours in workday, 12 hours in the weekend.

5.Convenient Payment: We accept the Bank Transfer, L/C, Western Union, PayPal, Escrow, etc.

6.You can also place an order quicky.

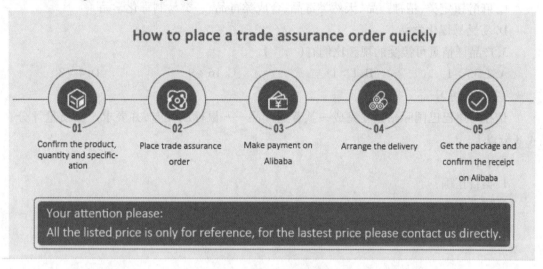

图 6-3-12　我们的服务

【课后练习】

一、单项选择题

1. 在阿里巴巴国际站中,主图的 Logo 一般放在(　　)位置。

A. 左上角　　　　　　　　　　　　B. 中上方

C. 右上方　　　　　　　　　　　　D. 符合视觉美观,没有位置要求

2. 产品发布自定义属性最多填写几项?(　　)

A. 5　　　　　　　　B. 8　　　　　　　　C. 10　　　　　　　　D. 12

3. 阿里巴巴国际站产品详情页视频时长要求不超过(　　)。

A. 3 min　　　　　　B. 5 min　　　　　　C. 10 min　　　　　　D. 15 min

4. 在阿里巴巴国际站中产品详情页的智能编辑最多能上传(　　)张图片。

A. 10　　　　　　　　B. 15　　　　　　　　C. 30　　　　　　　　D. 无限制

5. 英文站发布产品时,最多可以填写(　　)个关键词。

A. 1　　　　　　　　B. 3　　　　　　　　C. 6　　　　　　　　D. 8

6. 关于产品类目,以下哪个说法是错误的?(　　)

A. 错放类目将导致买家流失　　　　B. 产品类目选择准确是第一步

C. 排名由产品的类目决定　　　　　D. 用于产品的归类

二、多项选择题

1.以下属于违反阿里巴巴国际站产品发布规则的有（　　）。

A.图片质量不佳　　　　　　　　　　　B.标题未全部大写

C.产品信息不完整　　　　　　　　　　D.标题缺少核心产品词

2.以下违反阿里巴巴国际站禁限售的有（　　）。

A.电子烟液

B.赌博工具

C.麻醉镇定类、精神药品、天然类毒品、合成类毒品、一类易制毒化学品

D.易燃易爆化学品

3.产品详情页可接受的视频比例有（　　）。

A.2.35∶1　　　　　　B.1∶1　　　　　　C.16∶9　　　　　　D.4∶3

三、实操练习

请在阿里巴巴国际站独立完成一款普通产品——鼠标的发布，并要求产品质量评分在4.8分以上。

要求：

1.类目正确；

2.信息完整；

3.图片清晰。

任务四　RTS 产品发布

【学习目标】

知识目标：了解什么是 RTS；熟悉 RTS 产品选品建议；掌握 RTS 产品发布要求；了解 RTS 产品和支持买家直接下单的产品的异同点。

能力目标：能够独立完成 RTS 产品发布。

思政目标：关注国际 B 端买家新趋势，紧跟国际市场动态，培养学生的敏锐度和创新创业精神。

【工作情景】

RTS 产品能给卖家带来更多的海外精准流量，还有专属的频道场景，能更好地提升买卖双方的匹配度和交易效率。郭茂也想通过 RTS 频道为公司带来更多更精准的流量，创造更多效益。

一、RTS 产品基础认识

（一）什么是 RTS

RTS 全称 Ready to Ship，指全球批发产品，是阿里巴巴国际站根据买家趋势增设的全球批发功能。RTS 频道中的产品，通过明确产品规格、库存、发货期、价格等信息，进行精准流量匹配，帮助商家提升订单转化。

在阿里巴巴国际站上，传统的采购方式是定制产品，即先跟商家进行沟通，确定产品的颜色、尺寸、Logo、数量、价格、运输方式等各方面信息后再下单，而 RTS 产品则是明确了产品的各项信息，包括运费，相当于现货产品，买家可以直接下单购买，如图 6-4-1 所示。

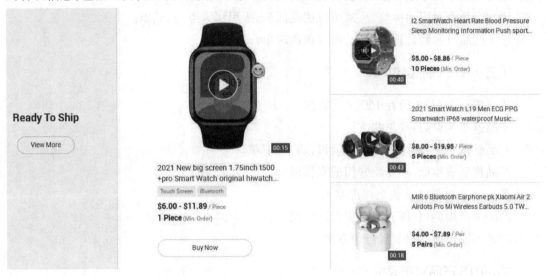

图 6-4-1　RTS 页面

（二）RTS 客户群体

阿里巴巴国际站买家群体分为小型电商、小型电商批发商、中大型买家。

1. 小型电商

小型电商的类型在亚马逊等 B2B 平台，买家需求是现货，合成品为主，少量试销，转售获利，快速周转，少量轻定制。

2. 小型电商批发商

小型零售商和批发商类型是线下零售商、小店主、B2B 平台的中大型买家，需求是部分轻定制加部分成品，特点是交易时对效率和交付时间有一定要求。

3. 中大型买家

中大型买家类型是沃尔玛之类的中大型零售商、电商自营平台，如兰亭集势等。需求是深度定制，特点是订单量大、周期长且稳定。

RTS 无定制买家采购需求通过筛选产品，然后循环报价，下单交付履约实现。

买家采购痛点是匹配效率低，找不到现货，沟通效率低，订单流程长。

（三）RTS 产品展示位置

PC 端和手机端都有专门的 RTS 产品板块。PC 端有专门的 RTS 专区,搜索产品时默认展示两个频道的产品,可根据需要进行筛选,方便买家直接下单购买。

（四）RTS 产品的优势

流量:RTS 频道独享额外流量,阿里巴巴国际站在站外会通过联盟方式为 RTS 引流,商家有机会获得更多流量。

场景:RTS 频道具有特色场景、Weekly Deals(每周交易)热门榜单、运费 5 折或包邮、主题活动等有助于商家进行营销,获得更多转化。

RTS 产品有对应的标签,买家可以快速区分,吸引买家点击、成单。

RTS 产品有明确合理的运费,可以快速成单。

（五）RTS 选品建议

成品成交金额:单价在 150 美元以内。

产品返单频率高:高复购率。

产品静默转化:通过看详情页就可以自主下单。

产品售后成本低:不需要专门成立售后部。

产品学习周期短:7 天之内能掌握。

产品生产周期短:能够及时生产反哺销售。

产品运输便捷:体积小,打包方便。

二、RTS 产品发布要求

（一）RTS 产品发布要求

①产品必须是支持直接下单的产品。

②最小起订量发货期不超过 15 天。

③具有明确的运费金额,运费必须合理,对比订单金额不能高出太多。

同时符合这 3 个条件的产品就会有 RTS 标签,产品符合以上条件后,系统会有约 24 h 同步时间,可以在同步时间后再查看。

（二）RTS 产品和支持买家直接下单的产品对比

1. 相同点

两者在发布产品时均要勾选,支持买家直接下单,在前台均支持买家直接拍下。

2. 不同点

RTS 产品商家发货期需小于等于 15 天;运费模板能计算出运费。

支持买家直接下单的产品,商家发货期无要求,运费模板没有要求,可以直接计算出运费,也可以自行协商物流。

三、运费模板设置

（一）什么是运费模板

运费模板用于设置商品的运输详情,包含快递承运商、运输时长、运费及目的。通过在发布商品时管理运费模板,买家在下单时可以看到不同的快递服务对应的不同时长、运费以及配套的可追溯服务,买家可以根据自己的实际情况选择对应的物流,如图6-4-2所示。

Packaging & Delivery

Selling Units:	Single item
Single package size:	2 cm × 2 cm × 2 cm
Single gross weight:	0.490 kg
Package Type:	Gift Package
Picture Example:	

Lead Time⑦:

Quantity(Pieces)	1 - 500	>500
Est. Time(days)	6	To be negotiated

图6-4-2　运费板块

（二）运费模板配置前须知

①支持买家直接下单的规格化商品,需配置运费模板,其他类型的规格化商品无须配置。

②若产品不适合走快递,在发布产品时无须设置,直接支持买家下单,无须配置运费模板。

③为给买家提供更好的物流体验,阿里巴巴国际站从2020年8月13日开始规定,买家对直接下单产品,包含RTS商品,直接下单并选择阿里巴巴国际站物流,卖家必须使用阿里巴巴国际站物流完成发货,覆盖所有阿里巴巴国际站物流类型和运力线,包括国际快递、国际小包、多式联运、多式联运的海运和铁路。

（三）运价查询

阿里巴巴国际站后台,点击物流信息快递,输入发货地、邮编、目的地、产品类型和物流类型,就可以进行运费查询。

1. 运价查询步骤

①在实训平台首页点击左侧栏"物流服务"—"查询报价并下单",进入一达通物流查询页面,如图 6-4-3 所示。

图 6-4-3　查询报价入口

②一达通物流查询页面显示 4 种物流运输方式:海运拼箱、空运、快递、陆运(拖车、散货交仓),每种运输方式输入对应运输货物信息,自动计算出所需运费价格,如图 6-4-4 所示。

图 6-4-4　物流查询页面

③选择物流方式,填写相应货物信息,则平台自动计算出物流价格,提供查看选择,如图 6-4-5 所示。

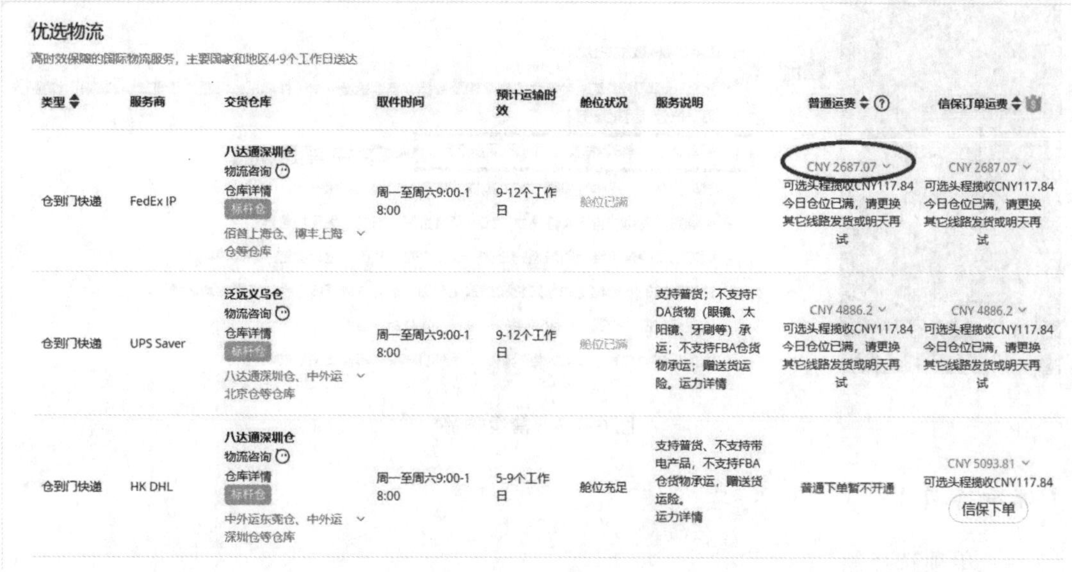

图 6-4-5 运费选择

④点击报价详情,可查看总运费明细,报关费、提单费、海运费、税费等发货所有费用,如图 6-4-6 所示。

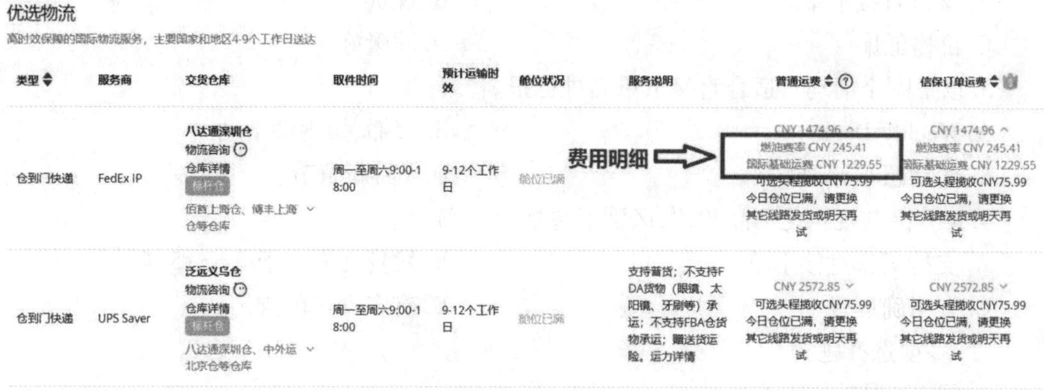

图 6-4-6 费用明细

2. 禁运物品

并不是所有的货物都适合使用阿里巴巴物流服务进行发货。不同的物流方式对货物的要求不同,具体适合的物流方式可以通过物流服务来查询,但同时也要注意不同物流方式下的禁运物品,如图 6-4-7 所示。

图 6-4-7　禁运物品

【课后练习】

一、单项选择题

1. RTS 产品发布要求最小起订量发货期不超过(　　)天。

A. 10　　　　　　　　B. 15　　　　　　　　C. 20　　　　　　　　D. 30

2. RTS 的产品必须是(　　)的产品。

A. 支持直接下单　　　　　　　　　B. 现货

C. 价格低廉　　　　　　　　　　　D. 质量好

3. 以下哪个活动只适合直接下单品进行报名?(　　)

A. Weekly Deals　　　　　　　　　B. 直播、短视频活动

C. 优品超车计划　　　　　　　　　D. 3 月新贸节

4. RTS 品与规格化商品相比,区别不包括(　　)。

A. 支持买家直接下单　　　　　　　B. 发货期需小于等于 15 天

C. 有明确运费　　　　　　　　　　D. 有多渠道的推广

二、多项选择题

1. RTS 产品的缺点有(　　)。

A. 匹配效率低,找不到现货

B. 产品质量不如定制产品

C. 沟通效率低,订单流程长

D. 发货期长

2. 以下属于 RTS 客户群体的是(　　)。

A. 亚马逊、Wish 等 B2C 平台卖家

B. 沃尔玛之类的中大型零售商

C. 小店主

D. B2C 平台的中大型卖家

3. RTS 产品的优势包括( )。

A. RTS 频道独享额外流量

B. RTS 频道具有特色场景

C. RTS 产品有对应的标签,买家可以快速区分,吸引买家点击

D. RTS 产品有明确、合理的运费,可以快速成单

4. 运费模板用来设置商品的运输详情,包含( )。

A. 快递承运商 B. 运输时长 C. 运费 D. 目的国

三、实操练习

请在实训平台独立完成一款 RTS 产品——U 盘(USB Flash Disk)的发布。

任务五 多语言产品发布与模板运用

【学习目标】

知识目标:了解阿里巴巴国际站多语言市场的现状;掌握多语言产品发布过程中各步骤的填写方法。

能力目标:能够独立发布优质的多语言产品。

思政目标:具有坚定的思想政治立场,但同时能够正确对待各国的多元文化体系,并吸取其中优秀的品德提升自身。

【工作情景】

多语言市场具有精准 SEO、低门槛准入和庞大买家需求等优势,郭茂也准备发布一些多语言产品,获得更多的曝光和询盘。

一、什么是多语言市场

阿里巴巴多语言市场是独立于阿里巴巴国际站(英文站)的一系列语种网站。现包括西班牙语、葡萄牙语、法语、俄语等 13 个主流语种,除覆盖传统欧美市场中的非英语买家群体外,南美、俄罗斯等新兴市场更是多语言市场重点的拓展区域,如图 6-5-1 所示。

全球 60.4% 的贸易交易发生于非英语国家。阿里巴巴多语言市场月均新增买家 63 244 家,每天访问买家数最高已经接近 3 000 万。每个多语言市场都有独立站点,登录每个独立站点都可以进行相应语种的产品发布的操作。

每个语种上线 600 个产品,可以机器翻译产品,也可以人工翻译产品,见表 6-5-1。

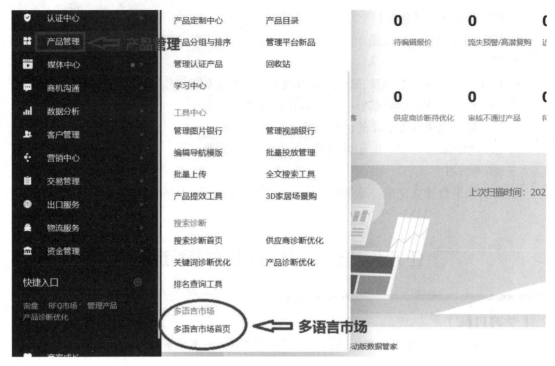

图 6-5-1 多语言市场首页

表 6-5-1 不同国家多语言站点网址

语种市场	网址	主要应对国家
西班牙语	https://spanish.alibaba.com	墨西哥、西班牙、阿根廷、秘鲁、智利、哥伦比亚、委内瑞拉等
俄语	https://russian.alibaba.com	俄罗斯、哈萨克斯坦、乌克兰等
葡萄牙语	https://portuguese.alibaba.com	巴西、葡萄牙、安哥拉等
法语	https://french.alibaba.com	法国、比利时、多哥、贝宁等
日语	https://japanese.alibaba.com	日本
德语	https://german.alibaba.com	德国、瑞士、奥地利、卢森堡等
意大利语	https://italian.alibaba.com	意大利
韩语	https://korean.alibaba.com	韩国
阿拉伯语	https://arabic.alibaba.com	阿联酋、沙特阿拉伯、埃及等
土耳其语	https://turkish.alibaba.com	土耳其
越南语	https://vietnamese.alibaba.com	越南
泰语	https://thai.alibaba.com	泰国
荷兰语	https://dutch.alibaba.com/	荷兰、比利时、南非、苏里南等
印尼语	https://indonesian.alibaba.com	印度尼西亚等
希伯来语	https://hebrew.alibaba.com	以色列
印地语	https://hindi.alibaba.com	

例如,登录 russian. alibaba. com,可以看到此站点所有的产品都是通过俄语发布的,如图6-5-2 所示。

图 6-5-2　俄语市场

二、多语言产品优势

（一）多语言市场现状分析

阿里巴巴国际站买家产品搜索习惯占比有 40% 是小语种搜索,60% 是英文搜索。主要小语种站点现状如下:

1. 西班牙语

西班牙语是全球第二大语种,使用人数接近 5 亿。覆盖国家包括:西班牙本土,以及以墨西哥、秘鲁、智利、阿根廷为代表的拉丁美洲。

2. 葡萄牙语

葡萄牙语使用人数接近 2.1 亿。覆盖国家包括:葡萄牙本土,以巴西为代表的部分拉丁美洲地区,以及以安哥拉为代表的非洲部分国家。

3. 俄语

俄语拥有 1.9 亿使用者,覆盖国家包括:俄罗斯以及以白俄罗斯为代表的前苏联国家。

4. 法语

法语拥有 2 亿使用者,覆盖国家包括:法国本土以及以喀麦隆、刚果为代表的非洲中部国家。

5. 阿拉伯语

阿拉伯语拥有 2.8 亿使用者,覆盖国家包括:阿拉伯联合酋长国周边的中东国家以及以埃及、突尼斯为代表的北非国家。

（二）多语言市场优势

多语言市场拥有市场优势和询盘优势。

1. 市场优势

①买家需求庞大，竞争相对较大。尽管使用小语种的买家占比只有40%，但是总的进出口交易额占比达到60%。

②精准SEO。阿里巴巴在谷歌等全球各大搜索引擎进行了关键词及广告投放，使阿里巴巴的链接可以出现在这些搜索引擎的首页。

③准入门槛低。阿里巴巴的普通会员即可准入，免费发布多元产品，原发布产品优先排序。

2. 询盘优势

①排名靠前曝光增加。对于高质量的产品更容易排到小语种市场的前面，并且被推广到站外，容易被买家找到，可以为平台带来更多的流量，促使多语言国家循环寄生在原有的经济市场基础上，小语种市场也会带来更多的询盘。

②询盘质量高，买家忠诚度高。小语种市场竞争一定程度上是买家体验的竞争，小语种买家较难找到更多的供应商进行替换，从而忠诚度也会大大地提高。

三、多语言产品发布流程

（一）多语言产品发布类型

多语言产品发布类型：一是机器翻译产品；二是原发产品。

①机器翻译产品。进入对应的多语言市场，通过搜索，找到我们的产品。小语种产品编辑页面的表单与英文产品大致相同，原英文描述自动翻译为小语种，可对描述进行编辑修改。

②原发产品又分为直接发布产品和人工翻译产品，需要付费。

（二）多语言产品发布流程

方法一：My Alibaba—产品管理—发布产品—选择语言市场—选择产品类目—填写产品表单，提交并进入审核，审核通过后展示在相应的站点上，如图6-5-3所示。

方法二：My Alibaba—产品管理—多语言市场首页—选择对应市场—发布产品—选择产品类目—填写产品表单，提交并进入审核，审核通过后，展示在相应的站点上，如图6-5-4所示。

注意：

①目前支持在13个多语言市场自主发布产品（每种语言最多可发布600个产品，其中500个为在线批发产品）。

②发布多语言产品时，填写的语言与对应多语言市场保持一致。

③产品审核通过后会同步在对应站点展示。

④英文站的所有产品也会被系统自助翻译在多语言站点展示，同样可以被买家搜索查看。

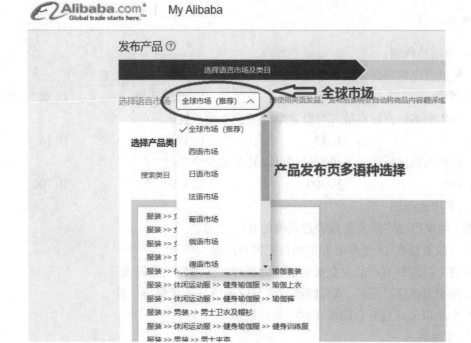

图 6-5-3 产品发布页多语种选择

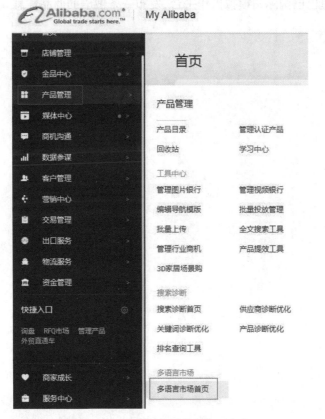

图 6-5-4 多语言市场首页产品发布

【课后练习】

一、单项选择题

1. 阿里巴巴国际站多语言环境目前不支持哪种语言发布商品？（　　　）

A. 俄语　　　　　　　B. 泰语　　　　　　　C. 西班牙语　　　　　　　D. 意大利语

2. P4P中多语言站点最多可设置参与多少个站点投放？（　　　）

A. 11　　　　　　　B. 13　　　　　　　C. 10　　　　　　　D. 16

3. 阿里巴巴国际站每种语言最多可以发布多少个产品？（　　　）

A. 600　　　　　　B. 300　　　　　　C. 400　　　　　　D. 700

二、多项选择题

关于阿里巴巴多语言发布表述正确的有（　　　）。

A. 目前支持在13个多语言市场自主发布产品

B. 英文站的所有产品也会被系统自助翻译在多语言站点展示

C. 发布多语言产品时，填写的语言与对应多语言市场保持一致

D. 产品审核通过后会同步在对应站点展示

三、实操练习

在阿里巴巴国际站运营中，为了适应不同地区客户的需求，需要用不同的语言进行产品的发布。登录阿里巴巴国际站模拟操作平台，发布一条俄语的商品信息。

项目七　产品管理与数据参谋

任务一　产品管理与橱窗设置

【学习目标】

　　知识目标:掌握产品管理基础操作;了解橱窗的定义、作用及优势。

　　能力目标:能够在阿里巴巴国际站后台进行产品管理基础操作。

　　思政目标:使学生在掌握产品管理等业务操作流程的同时,培养学生精益求精的工作态度,树立团结协作、不惧困难的品格。

【工作情景】

　　作为跨境电商业务部的一员,仅仅会发布产品是不够的,郭茂还需要对公司发布的产品进行管理操作。接下来,郭茂将学习如何进行产品分配、产品分组、修改产品状态、产品批量修改与编辑等操作。

一、产品管理基础操作

(一)产品管理基础操作类型

　　掌握产品管理技巧,可以帮助我们快速找到目标产品进行操作设置。产品管理基础操作主要包含以下内容:产品分配、产品分组、修改产品状态、产品批量修改与编辑。

(二)产品管理入口与界面

　　进入阿里巴巴后台—产品管理—产品分组排序入口。

(三)产品分配

　　勾选产品,并且点击上方的"分配给",可以把产品分配给不同的业务员负责,接受对应的产品询盘,如图7-1-1所示。

图 7-1-1　产品分配

(四)产品分组管理

选中产品,点击上方的"移动到"可以把产品分配给不同的产品组,如图 7-1-2 所示。产品分组有助于我们快速根据分组找到产品,也有利于后期旺铺导购营销。

图 7-1-2　产品分组

(五)修改产品状态

修改产品状态包含刷新,产品上架、下架处理。

1. 刷新

产品重新进行编辑,点击刷新可以更新到最新状态,如图 7-1-3 所示。

图 7-1-3　产品刷新

2. 产品上架

产品上架状态,客户可以在搜索页及旺铺看到产品,如图 7-1-4 所示。

图 7-1-4 产品上架

3. 产品下架

如果产品暂时缺货或者停售,可以下架产品,如图 7-1-5 所示,后期再重新上架进行销售。产品下架状态,客户将无法看到产品。

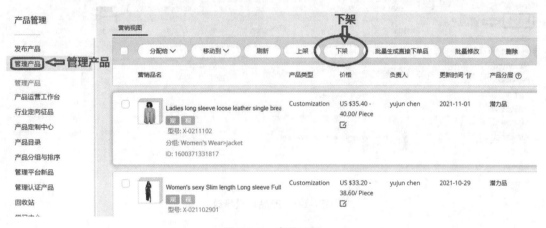

图 7-1-5 产品下架

(六)产品批量修改与编辑

批量修改入口(My Alibaba—产品管理)勾选需要编辑的产品,点击批量修改按钮。

只在审核通过和草稿箱页面中增加批量修改功能入口,一次批量编辑最多支持 50 个产品。

批量修改有以下两种方式:

1. 批量生成直接下单品

针对已发布过的非直接下单品,可批量转化为直接下单品,如图 7-1-6 所示。

图 7-1-6　批量生成直接下单品

2. 产品批量修改

可批量修改的选项有:修改库存、修改产品名称、修改包装重量、修改包装尺寸、修改运费模板及修改交货周期(具体参照当前产品支持修改的类型),如图 7-1-7 所示。

图 7-1-7　产品批量修改

二、产品管理、分组与排序

(一)产品分组与排序

进入产品分组与排序管理页面,可以进行分组管理与排序、产品管理与排序设置。

1. 产品分组技巧

产品分组的形式有很多,可以根据产品种类、使用场景或者通过产品功效进行划分等。合理的产品分组模式有利于导购营销,帮助客户快速查询到想要的产品类型。

注意:以下案例仅供参考,根据实际情况,此分组类型也可作为一级分组,再进行细分。

2. 产品分组展示位置

产品分组会在旺铺导航、主营类目产品板块、产品分组模块等进行展示。

（二）产品管理排序设置

产品管理与排序页面可以对未分组产品进行分组操作，也可以对已经分组的产品进行分组调整或产品排序修改。

（三）产品排序设置方法

产品排序设置方法有以下两种：
①点击序号，直接修改数字进行排序，支持跨页排序。
②点击排序按钮，移动产品类目目标位置，再次点击鼠标确定。

三、橱窗基础认知与设置

（一）橱窗的概念

橱窗即产品展示位，是阿里巴巴国际站的推广资源之一。阿里巴巴国际站的橱窗，就好比商店玻璃展示窗口或展示区域，这个位置拥有绝佳的曝光机会。产品推广运营可以将公司的主打产品设置为橱窗产品，在旺铺首页进行展示，如图 7-1-8 所示。阿里巴巴国际站橱窗数量，普通会员拥有 10 个橱窗，金品诚企会员拥有 40 个橱窗。

图 7-1-8　橱窗展示

（二）橱窗的作用及优势

1. 优先排名权

同等条件下,橱窗产品排名高于普通产品。

2. 高曝光

橱窗产品对比普通产品高约 8 倍曝光。

3. 旺铺首页推广

拥有企业旺铺首页推广专区,提升主打产品的核心竞争力。

4. 自主更换橱窗

自主展示产品,轻松掌握主打产品的推广权。

（三）橱窗产品设置

橱窗产品的设置包括开通、添加、移除、替换和顺序调整。

1. 开通橱窗产品

橱窗开通步骤如下:

第一步,进去橱窗管理页面(注:只有主账号才有权限操作开通橱窗)。

方法一:"My Alibaba 后台"—"产品管理"—"管理橱窗产品",如图 7-1-9 所示。

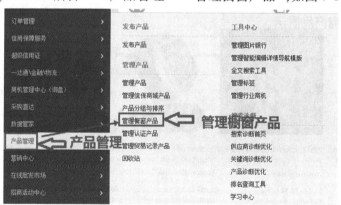

图 7-1-9 产品管理—橱窗

方法二:"My Alibaba 后台"—"营销中心"—"橱窗",如图 7-1-10 所示。

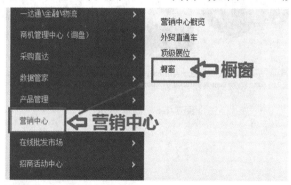

图 7-1-10 营销中心—橱窗

第二步,点击"橱窗订单管理"页面—"待开通订单",查看您需要开通的订单,如图7-1-11所示。

图7-1-11 橱窗订单列表

第三步,点击"开通"按钮,在下拉日期中选择开通日期后点击"确认",如图7-1-12所示。

注意:赠送橱窗订单,赠送的橱窗订单请务必在签约后90天内设置好开通时间,如未提前设置,系统将自动开通。

2. 添加橱窗产品

进入"橱窗位设置"页面,点击"待投放橱窗位",查看有多少个橱窗位需要添加,按提示数量准确添加;点击"添加橱窗产品",或直接点击空橱窗位进行橱窗产品添加,上线顺序从前往后,如图7-1-13所示。

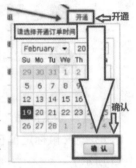

图7-1-12 开通橱窗

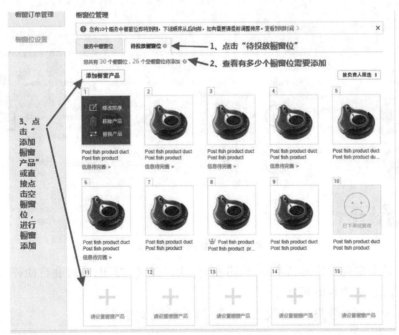

图7-1-13 添加橱窗产品

3.移除橱窗产品

在橱窗产品管理的页面上,鼠标移动至需要移除的橱窗产品图片上,选择"移除",系统会跳出提醒,点击"确认"后即移除成功,该橱窗位后面的橱窗产品会依次前移,如图7-1-14所示。

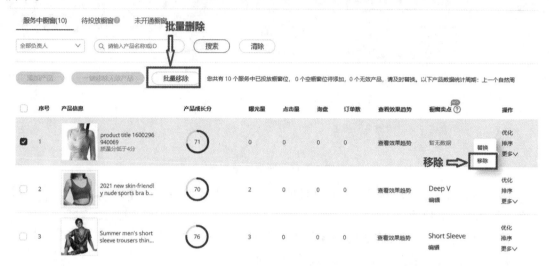

图 7-1-14　移除橱窗产品

4.替换橱窗产品

第一步,鼠标定位在需要替换的橱窗位图片上,点击"替换",会弹出选择产品框,如图7-1-15 所示。

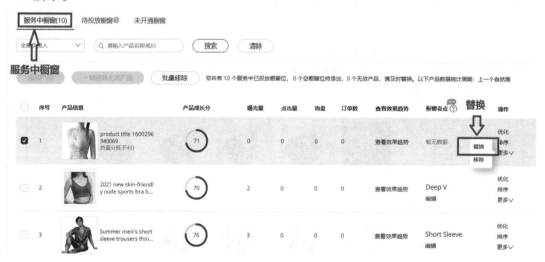

图 7-1-15　替换橱窗产品

第二步,选中想要替换的新产品,点击左下角的"提交"按钮,系统会自动替换并保存,无须再单独保存,如图7-1-16 所示。

提示:修改没有次数限制,修改之后需要 24 h 的同步时间。

5.调整橱窗产品顺序

方法一:鼠标移动到需要调整在旺铺上展示排序的橱窗产品上,点击浮出的"修改排序",写上调整后的排序数字,点击保存即可。

方法二:点击每个橱窗位左上角的数字标,直接修改数字标并保存即可,如图 7-1-17 所示。

注意:原页面通过拖拽移动修改排序的方式已经取消。

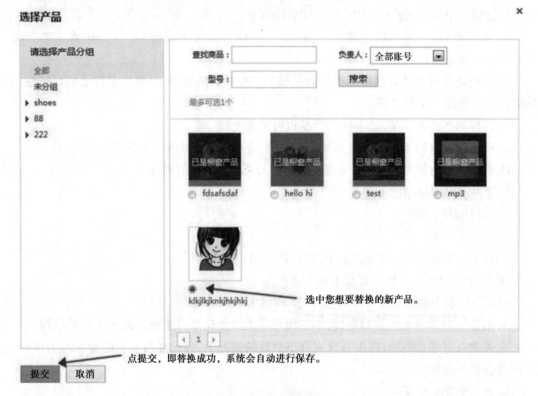

图 7-1-16　提交替换产品

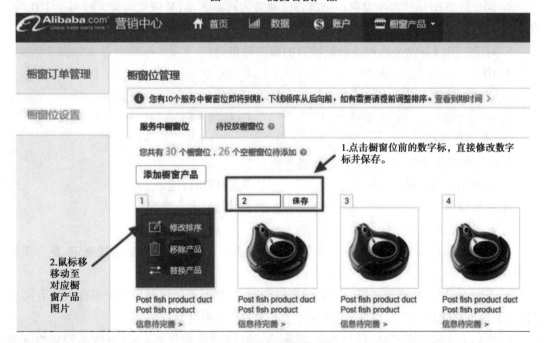

图 7-1-17　调整橱窗顺序

【课后练习】

一、单项选择题

1. 橱窗产品跟普通产品相比,具有什么特权?(   )

A. 排名优先   B. 反馈率更高   C. 一定会上首页   D. 点击率更高

2. 下列说法错误的是(   )。

A. 正确地填写产品属性可以提高商品被买家搜索到的概率,尽可能完善地填写属性,也能够让买家全面地了解产品

B. 在售的产品可下架,已下架的产品也可重新上架

C. 产品的定价对于店铺来说是非常重要的,定价影响点击率、排序、转化率

D. 只要产品有销量就可让产品排名靠前,无须理会客户的差评

3. 阿里巴巴国际站已下架产品(   )。

A. 可以重新上架

B. 将永久下架

C. 过了有效期的产品将从"正在销售"转为"已下架"状态

D. 在"已下架"状态栏下查看不到下架产品

4. 订单交易中要注意遵守平台规则,下列做法正确的是(   )。

A. 由于库存不足无法及时发货,小王填写了无效货运单号来逃避成交不卖的处罚

B. 买卖双方恶意串通,在没有真实订单交易的情况下,通过虚假发货的违规行为误导全球速卖通平台放款

C. 寄送空包裹给买家

D. 阿里巴巴国际站新手卖家小李忘将已缺货的产品下架,某俄罗斯买家购买了100件,小王联系买家告知已断货,让买家取消订单

5. 阿里巴巴国际站金品诚企会员拥有的橱窗数量为(   )。

A. 10   B. 20   C. 30   D. 40

6. 橱窗产品管理界面内的基础操作不包括以下哪种?(   )

A. 添加产品   B. 替换产品   C. 移除产品   D. 编辑产品

二、多项选择题

1. 以下哪些服务能力会影响产品排名?(   )

A. 卖家服务响应能力   B. 订单执行能力

C. 好评情况   D. 纠纷、退款情况

2. 下列说法正确的是(   )。

A. 作为交易市场的卖方,卖家有义务了解并熟悉交易过程中的买家市场规定,配合买家完成交易

B. 若发布、销售涉嫌侵犯第三方知识产权的商品,则有可能被知识产权所有人或者买家投诉,平台也会随机对商品信息进行抽查,已下架的产品不会抽查

C. 投诉成立或者信息被退回/删除,卖家会被扣以一定的分数,一旦分数累积到相应节

点,平台会执行处罚

D.下架商品在"平台抽样检查/权利人投诉"范围之内,如有侵权行为会按照相关规定处罚

3.阿里巴巴国际站的橱窗优势包括(　　)。

A.优先排名权　　　　　　　　　　B.店内首页推广

C.橱窗产品可自行更换　　　　　　D.点击扣费较 P4P 低

三、实操练习

橱窗是阿里巴巴国际站平台的一种推广资源,相比同等信息质量的普通商品,平台有限展示橱窗产品,因此,橱窗产品更有机会获得曝光。请在橱窗产品管理操作界面将 5 个数码电子类的产品设置为橱窗。

任务二　产品数据参谋与分析

【学习目标】

知识目标:了解数据参考模块包含的内容,数据参考模块各部分内容的作用。

能力目标:能够对产品进行数据分析和优化。

思政目标:使学生在数据分析操作活动中养成善钻研、有毅力、求真务实、开拓进取的良好品行。

【工作情景】

对阿里巴巴国际站的店铺进行维护和管理已经有一段时间了,郭茂打算对后台的产品数据进行分析,进而进行相应的优化,以便让公司的产品获得更多的曝光量、点击量和转化率。

一、数据参谋

(一)什么是数据参谋

数据参谋为原数据管家行业版的升级版。数据参谋对比原数据管家行业版,升级了全新的全店扫描和数据概览,新增了产品参谋、流量参谋和市场参谋,如图 7-2-1 所示。其中 3 个参谋功能是数据参谋客户专属功能,若基础版出口通客户想要升级为数据参谋,可咨询客户经理进行购买。

数据参谋依然保留着原数据管家里店铺、买家、市场板块,这 3 个板块主要反映卖家在阿里巴巴国际站操作及推广效果的数据。它通过多重数据统计分析,不仅让卖家清楚了解自身的推广状况,更能针对薄弱点,有效提升网络推广效果。

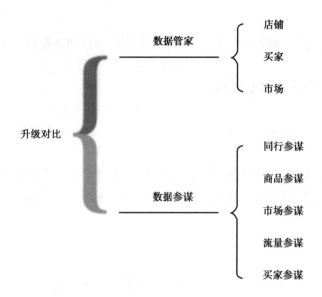

图 7-2-1　数据参谋 VS 数据管家

（二）数据参谋的优势

1. 自我提升

实时查询自身推广效果与操作情况，让卖家明确知道自己的运营问题，从问题不断优化解决运营方案。

2. 知己知彼

随时掌控与同行的对比情况，通过竞争对手的数据分析让卖家有参考对比和成长借鉴的机会。

3. 市场洞察

实时统计买家重点关注产品，轻松掌握海外最新采购需求，掌握市场最新动态。

（三）使用数据参谋

登录 My Alibaba，选择菜单"数据参谋"，可以清楚看到卖家的各项网络推广数据，如公司网站操作数据、产品曝光量和点击量等。每个板块均有管家点评和管家提示，卖家可以据此来调整公司网络推广的方向。

数据参谋包含店铺、买家、参谋、市场、营销、学堂和智能 7 个板块的数据分析和参谋。在这 7 个板块数据之前还有两个店铺的平台对店铺的数据评价，分别为商家星等级和全店扫描，如图 7-2-2 所示。

图 7-2-2　数据参谋板块

二、平台店铺评价数据

(一)商家星等级

商家星等级是评估阿里巴巴国际站商家服务买家能力和意愿的分层体系,通过推动商家能力提升,帮助商家成长,获得更多商机。

商家星等级依据跨境交易各环节买家的核心关注点梳理,商家可参考自身指标表现做对应优化调整,更好地在平台吸引海外买家和承接买家需求,获取更多商机,如图 7-2-3 所示。

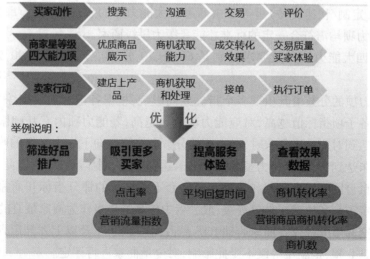

图 7-2-3　商家星等级

1. 星等级权益

商家对应的星等级有一星到五星,点击商家星等级图标进去就可以看到卖家所处等级,同时能看到标黄的权益表示该等级所享有的权益,如图 7-2-4 所示。

图 7-2-4　星等级评定

不同星等级所享有的权益细则如图 7-2-5 所示。

评定星等级: 零星	所有权益有效期截止下个评定日0点, 权益领取有效期为每月5日10点~次月4日24点 (其中RFQ权益仅当月有效)。				查看星等级详情>
星等级 权益	♥	♥♥	♥♥♥	♥♥♥♥	♥♥♥♥♥
线上专属客服	—	—	✓	✓	✓
行业活动报名准入		✓	✓	✓	✓
供应链服务优先	—	✓	✓	✓	✓
搜索排序	✓	✓	✓	✓	✓
Weekly Deals报名准入	✓	✓	✓	✓	✓
金融活动优先参与	✓	✓	✓	✓	✓

图 7-2-5　星等级权益细则

2. 星等级评分指标

①商家的(定制/快速交易)星等级由商家四大能力项的表现所决定,每个能力项满分100 分,四大能力项均需符合一定的标准才能晋级为星级商家。

1—5 星的四大能力项分数要求分别是 60 分、70 分、80 分、85 分和 90 分,如图 7-2-6 所示。

②四大能力项的分数由其项下多个指标共同影响,根据各指标项权重综合计算对应能力项的分数。各子项指标值越高,对应能力项分数越高;若能力项内有基础服务指标,当基础服务指标未达到对应星级要求时,能力项的分数会停留在向下一个星级的临界值。例如,平均回复时间未达到 24 h,营销力显示 59 分;未达到 20 h,则显示 69 分,以此类推。

③客户后台会同时展现定制和快速交易两套不同场景的评分指标和商家表现数据,依据以上规则确定定制和快速交易星等级,取二者中较高的星级作为商家最终的(预测/评定)星等级。快速交易星等级仅在商家店铺 RTS 品占比达到 30% 及以上才开启评定,未达到此评定门槛时默认 0 星,定制星等级不受此影响,对全量商家进行评定。

定制星等级指标	全量商家默认评分		
商家力	**营销力**	**交易力**	**保障力**
①非RTS实力优品数 ②非RTS商品成长平均分 ③证书数(加分项)	①商机数 ②平均回复时间 ③商机转化率 ④营销流量指数 ⑤营销商品商机转化率	①在线交易额 ②支付转化率 ③复购率	①按时发货率 ②买家评价分 ③风险健康分

快速交易星等级指标	仅在店铺RTS品占比达到30%及以上开启评定,未达到时默认为0星		
商家力	**营销力**	**交易力**	**保障力**
①RTS实力优品数 ②RTS商品成长平均分	①点击率 ②平均回复时间 ③营销流量指数 ④营销商品商机转化率	①在线交易额 ②在线交易买家数 ③总转化率 ④复购率 ⑤RTS在线交易额占比	①按时发货率 ②买家评价分 ③风险健康分

图 7-2-6　星等级评分指标

3. 新增买家服务基本要求

为了更好地贴合跨境贸易的实际场景,提升买家体验,商家星等级于 2020 年 6 月 10 日升级至 4.0 版,4.0 版本的商家新等级要求 1—5 星商家除了需要满足四大能力项的分数要求外,也需要同时满足平均回复时间、按时发货率、买家评价分 3 个服务指标表现的基本要求,如图 7-2-7 所示。

		四大能力项达到	平均回复时间	按时发货率 (参考值)	买家评价分 (参考值)
★★★★★	5星	90分	≤8 h	≥95%	≥4.9分
★★★★	4星	85分	≤12 h	≥93%	≥4.7分
★★★	3星	80分	≤16 h	≥90%	≥4.5分
★★	2星	70分	≤20 h	≥87%	≥4.3分
★	1星	60分	≤24 h	≥85%	≥4.0分
	0星				

图 7-2-7　基本服务指标

(二)全店扫描成长指引

全店扫描实际就是一种店铺"诊断",当然它也是对店铺当前的表现做出的一种判断。不同于平时的根据卖家自己的操作经验或者与朋友交流,全店扫描是阿里巴巴后台以一个比较统一规范的标准在系统上对店铺进行数据分析,诊断操作效果和存在问题并给出解决或者优化方案。卖家需要根据实际需要来优化店铺数据指标,以期达到店铺经营"目的",如图 7-2-8 所示。

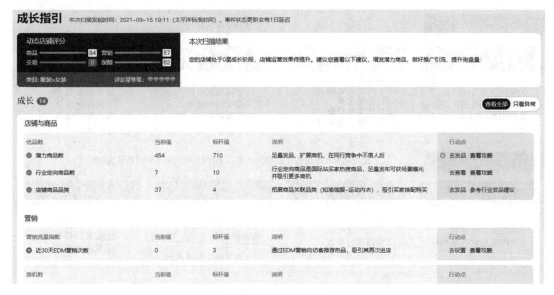

图 7-2-8　成长指引

三、数据分析板块

（一）店铺板块

店铺板块包括数据总览、产品分析、零效果产品、视频分析、店铺分析、交易分析、履约分析和员工分析。

1. 数据总览

数据总览包括实时数据、经营数据、流量分析、产品分析、市场分析和全店扫描 6 个板块。

（1）实时数据

数据总览最上面是店铺的实时数据，包括店铺转化率、店铺访问次数、询盘个数和 TM 咨询人数，如图 7-2-9 所示。

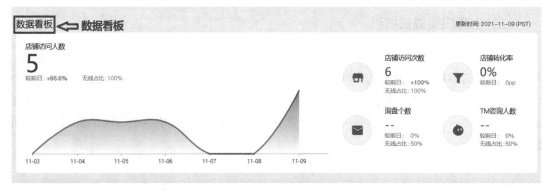

图 7-2-9　实时数据

（2）经营数据

经营数据包括公司最近一周的曝光量、点击量、反馈量等相关数据，以及它们对应的趋势分析和国家及地区分析，在类目下的数据对比，如图 7-2-10 和图 7-2-11 所示。

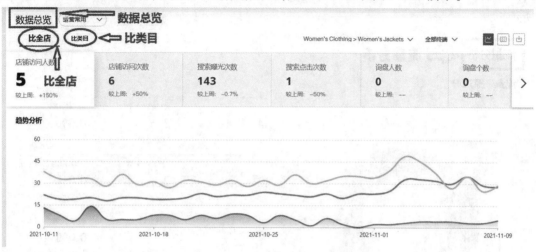

图 7-2-10 一周数据 VS 同行业

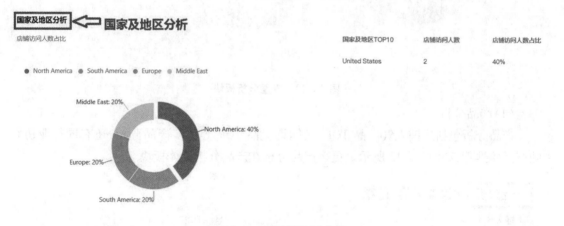

图 7-2-11 国家及地区分析

①我的曝光量：点击后将显示一周内 7 天的趋势曲线，曲线上每个节点代表该会员当天曝光量的总数。鼠标移动到节点时自动显示具体日期及数值。

②我与同行对比：点击后将显示卖家在一周内获得的曝光总量与行业水平的对比图。

③地区分布：卖家在一周内获得曝光量的地区来源分布。

小贴士：

曝光量：指定时间内，卖家的产品及供应信息在搜索结果和类目浏览页面中被买家看到的次数。

点击量：指定时间内，卖家的产品及供应信息在搜索结果和类目浏览页面中被点击的次数。

反馈量：指定时间内，卖家获得的有效询盘数。

（3）流量分析

流量分析板块主要分析店铺流量来源分布，直接访问、店铺、搜索或者其他渠道的店铺访问人数和商机转换率，以及这些访问人数流出的买家所去向的商品链接，如图 7-2-12 所示。

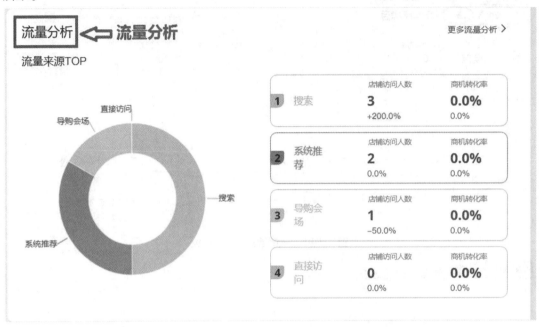

图 7-2-12　流量分析板块

（4）产品分析

产品分析包括店铺人气产品 TOP、店铺询盘品 TOP 等更多产品分析，还有同行业访客的产品榜推荐，如图 7-2-13 所示。更多产品分析在产品分析具体板块。

图 7-2-13　产品分析板块

（5）市场分析

市场分析主要包括进店买家国家及地区 TOP4 和进店搜索关键词 TOP4，更多市场分析在访客画像，如图 7-2-14 所示。

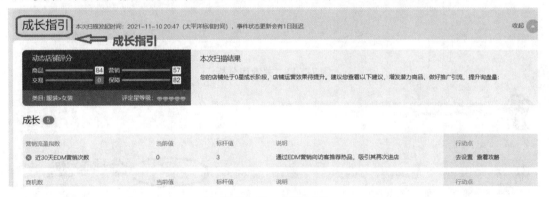

图 7-2-14 市场分析板块

（6）全店扫描

卖家可随时申请全店扫描，进入店铺诊断扫描页面，如图 7-2-15 所示。

图 7-2-15 全店扫描

2. 产品分析

这一板块包括产品概览和详细分析，如图 7-2-16 所示。详细分析可在全店产品里搜索单个产品，也可以通过一定的搜索条件搜索出符合条件的产品然后分别观看产品分析。

详细分析针对具体产品，有关键词分析（图 7-2-17）、趋势分析、访客地域、关联商品、流量来源、价格分析和竞品对标（图 7-2-18）7 个方面的分析，帮助卖家知己、知买家、知对手。

图 7-2-16　产品分析页面

图 7-2-17　关键词分析

图 7-2-18　竞品对标

3. 零效果产品

（1）定义

零效果产品指访客数、收藏数、分享数、比价数、询盘量、TM 咨询、批发订单、信用保障订单等全部数据都为 0 的产品,如图 7-2-19 所示。

图 7-2-19 零效果产品

(2)零效果产品对店铺的影响

①阿里搜索引擎会依据店铺的产品数量及零效果产品的占比对店铺质量进行评分。

②过多的零效果产品,从侧面反映店铺的维护管理能力较一般,长此以往,店铺权重会被降低,影响排名。

(3)零效果产品如何处理

①对于 15～90 天以内的零效果产品,重点在于优化标题关键词,提升产品流量。参考同行热销产品的标题、关键词,将店铺同类产品的询盘优质词应用到产品中,多个渠道挖热销关键词。

②对于 90 天以上的零效果产品,建议删除,下架旧品。

4. 视频分析

视频分析针对全店视频,主要包括效果总览、视频排行、视频商品数据 3 个部分,如图 7-2-20 和图 7-2-21 所示。

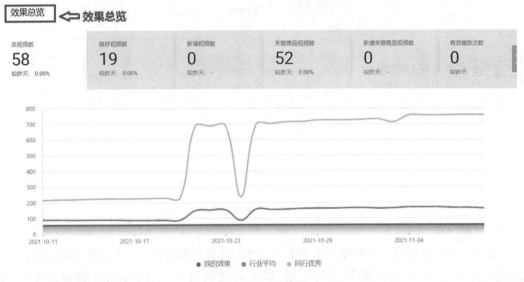

图 7-2-20 效果总览

图 7-2-21 视频排行 & 视频商品数据

5. 店铺分析

店铺分析包括店铺数据、产品数据和店铺访问详情,如图 7-2-22 所示。

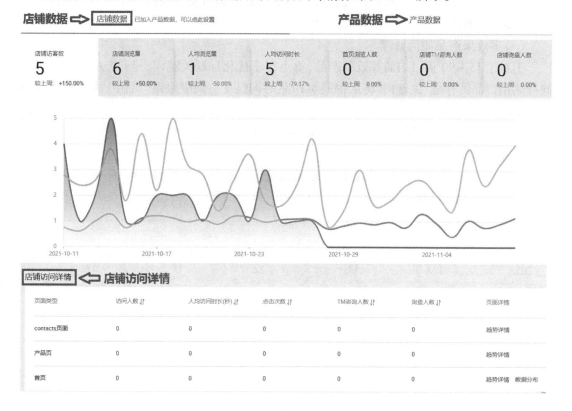

图 7-2-22 店铺分析板块

6. 交易分析

交易分析包括店铺一定时期内起草订单个数、起草订单金额、支付订单个数、支付订单金额、笔单价、支付买家人数等交易数据,以及对比同行平均、同行优秀的相关数据,如图 7-2-23 所示。

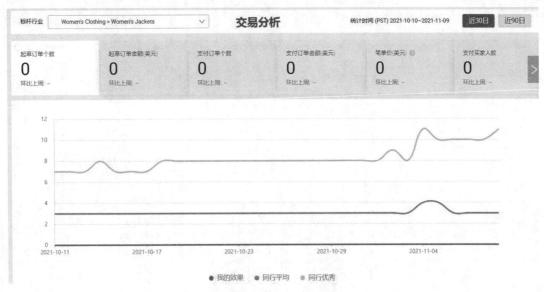

图 7-2-23 交易分析板块

7. 履约分析

履约分析包括信保退款申请率、信保退款申请量、信保纠纷升级率、信保纠纷升级仲裁量、信保纠纷有责率和信保纠纷有责判定量,以及对比同行平均、同行优秀的相关数据,如图 7-2-24 所示。

图 7-2-24 履约分析板块

8. 员工分析

员工分析包括店铺下属各账号阿里卖家 PC 在线时长、阿里卖家 App 在线时长、产品数、有效产品数、新发产品数等相关数据,如图 7-2-25 所示。

账号	阿里卖家PC操作时长(小时)	阿里卖家APP操作时长(小时)	产品数	有效产品数（不含全球E站）	新发产品数	
tiejun Li	0	0	0	0	0	
ziyan Li	0	0	0	0	0	
yujun chen	0	0	455	455	0	
YuXuan Li	0	0	0	0	0	
li a	0	0	0	0	0	
Yuxuan Li	0	0	0	0	0	
合计	0	0	455	455	0	

导出员工数据明细 导出回复率及回复时长明细

图 7-2-25 员工分析板块

（二）买家板块

买家板块包括流量来源、引流关键词、访客画像、访客详情 4 个板块。

1. 流量来源

流量来源板块包括店铺一段时间内通过各种流量渠道所得到的店铺访问人数、店内询盘人数、店内 TM 咨询人数和商机转化率等数据，以及它们的变化趋势，如图 7-2-26 所示。流量来源可以选择全部终端流量，也可以分别统计 PC 和无线端的流量。

图 7-2-26 流量来源板块

2. 引流关键词

引流关键词板块通过对为店铺带来流量的关键词进行分析，比如是否被作为外贸直通车推广、是否已设为关键词、是否有效果，关键词所带来的搜索曝光次数、点击量、点击率等相关数据如何，来帮助卖家更好地设置外贸直通车关键词和出价，如图 7-2-27 所示。

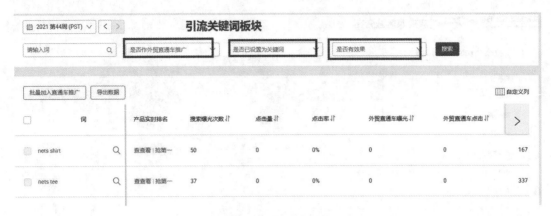

图 7-2-27 引流关键词板块

3. 访客画像

访客画像板块由本店卖家和行业卖家两个板块的数据组成,每个板块分别由店铺买家的具体明细以及买家在关键词、产品、类目、国家和地区分布 4 个方面偏好的分析数据组成,如图 7-2-28、图 7-2-29、图 7-2-30 所示。

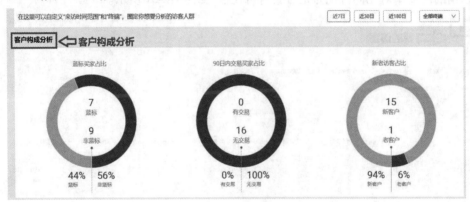

图 7-2-28 店铺买家明细

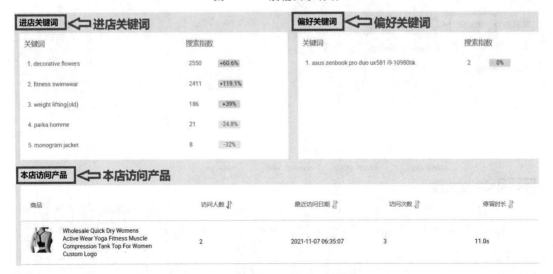

图 7-2-29 关键词偏好 & 产品偏好

图 7-2-30　国家地区分布

4.访客详情

访客详情板块包括我的访客、营销管理两个部分。我的访客主要是店铺买家的基本信息,营销管理则是对应每一天是否有对店铺访客进行自主营销以及自主营销是否有效,同时自主营销的回复率对比同行优秀是否具有可比性,如图 7-2-31 所示。

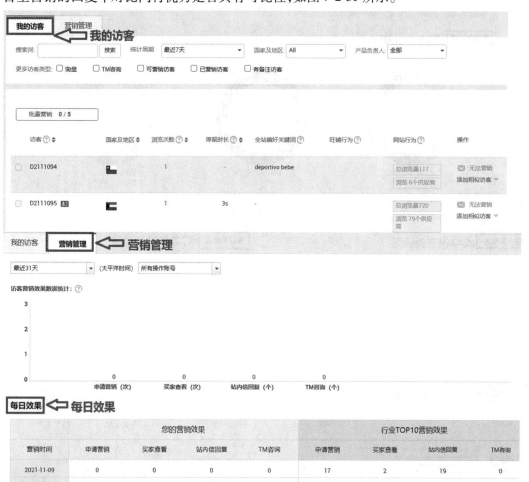

图 7-2-31　访客详情板块

(三)参谋板块

1. 流量参谋

流量参谋主要针对产品的流量效果,也就是流量的来源去向进行分析。

(1)流量承接

流量承接包括我的产品和行业优品两个板块,分别从卖家和行业的角度介绍了当前对应店铺或者行业的高流量高转化、高流量低转化、低流量高转化、低流量低转化4种类型的产品分别是什么样子的,以及这些产品对应的访问人数、询盘人数、TM咨询人数、交易买家人数、商机转化率等,同时还可以加入产品进行对比,让卖家对自己的产品有更清晰的认知,如图7-2-32所示。

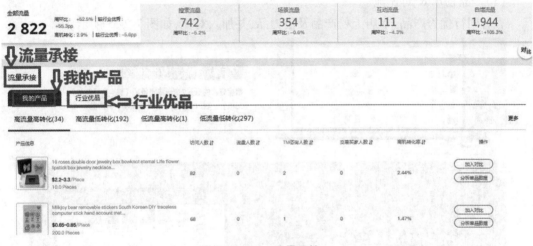

图 7-2-32　流量承接

(2)流量去向

流量去向详细指出了每个产品所带来的流量有多少买家流出店铺,其中是否有店铺的老客户,以及对客户进行营销挽回,如图7-2-33所示。

图 7-2-33　流量去向

2. 产品参谋(行业版专属)

产品参谋的主要功能是为了解全站热评,比一比、打爆款,主要的操作分为三步:看清行业热销爆款—分析研究加入收藏—生成对比寻找差异,如图7-2-34所示。

图 7-2-34 产品参谋步骤

（1）产品榜单 & 对比池

查看同行优秀产品、本店上榜产品及潜力品，并加入对比，如图 7-2-35 所示。

图 7-2-35 产品榜单 & 对比池

步骤如下：

①根据数据参谋订阅的最多两个一级类目，切换类目细至三级——看访客榜、商机榜。

②任意选择产品加入对比。

③可通过对比池，选择榜单产品、本店产品以及通过链接添加本行业的任意产品。

④点击生成对比查看对比池中产品的公开信息。

⑤点击我的上榜、我的潜力品，查看本店上榜品及潜力品。

指标说明：

访客榜：根据近 30 日所选类目的产品访客量进行排序。

商机榜：根据近 30 日所选类目的产品商机量（询盘、TM 等）进行排序。

蓝海榜：根据近 30 日所选类目的新品上升趋势进行排序。

（2）产品参谋—产品对比详情

将对比池所选产品的买家端的公开信息集成，提升查看对比效率。可对比内容包括效果、产品基本信息以及店铺买家端的公开信息。

3.市场参谋

市场参谋帮助卖家分析全网供需关系、买家类目偏好、场景偏好、交易偏好、买家标签、地域分布、卖家特征、产品类型等相关数据。市场参谋有两种搜索方式,一种是自主搜索,一种是排行榜。

(1)自主搜索

市场搜索页面有一个全网搜索框,卖家可以自主选择通过查行业、查国家/地区、查 HS Code、查关键词 4 种方式查询自己想要了解的行业市场信息。自主搜索支持中英文关键词,最细支持三级类目,如图 7-2-36 所示。

图 7-2-36 自主搜索

(2)排行榜

排行榜是过去 30 天内,平台人气榜、飙升榜、蓝海榜、效果榜排序下行业内各细分类目的市场规模、市场增速、市场供需、市场转化等该榜单类型下的相关产品的具体信息。排行榜可细分到叶子类目,如图 7-2-37 所示。

图 7-2-37 排行榜

(四)市场板块

市场板块包括关键词指数、商品洞察、市场洞察、行业商机推荐、行业报告、征税查询、行业市场分析 7 个板块。

1. 关键词指数

关键词指数是买家访问的客观呈现,使用该词前请自助查询是否为品牌词,避免受罚。

关键词指数可以自查关键词,也可以通过热词榜和趋势榜直接观看具体类目的关键词排行。可以看到关键词的类目搜索指数、搜索涨幅、点击率、卖家规模指数等数据,如图7-2-38 所示。

图 7-2-38　关键词指数

2. 商品洞察

商品洞察针对选择的产品从竞争变化、买家分布、商品分类分析、价格分析、热卖商品排行、相关品类推荐、流行主题几个方面对相关类目产品进行分析,如图7-2-39 所示。

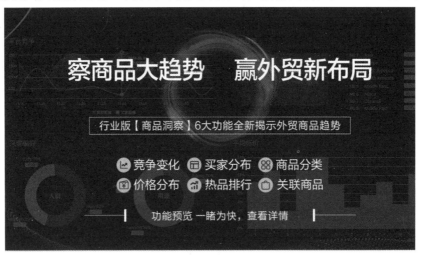

图 7-2-39　商品洞察

卖家可以通过关键词来自定义商品,最多同时可以定义出 6 类商品。每类商品的自定义关键词,在 365 天内最多可以修改 6 次。基于这些定义出的商品,商品洞察会展现出流行趋势、买家分布、热卖商品等数据。目前仅支持主账号自定义。

3. 市场洞察

市场洞察有助于卖家开拓新市场,可以搜索感兴趣的市场,也可以直接观察热门国家及地区市场人群。分析对应市场买家数占比、搜索招数、Top1 询盘品类、Top1 询盘商品来选择目标新市场,如图 7-2-40 所示。

图 7-2-40 市场洞察首页

针对感兴趣市场,点击"了解更多",可以看到对应市场买家画像、搜索偏好、热品分析、品类偏好、贸易数据等详细数据,如图 7-2-41 所示。

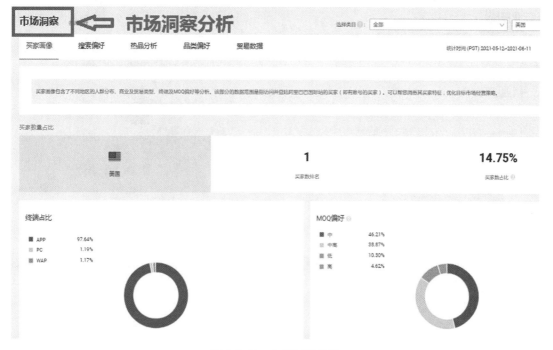

图 7-2-41 市场洞察分析

4. 行业商机推荐

行业定向征品是平台根据买家规模、询盘增长情况、商品供给饱和度等大数据洞察出市场潜力大的品类,定向征品本身引流效果和转化率远高于大盘,同时还有专属的流量和场景曝光资源。行业商机推荐提供给卖家行业定向征品渠道,卖家可以根据自身需求选择对应类目,指定基础要求、属性要求、产品能力等相关要求向平台征询定向产品,如图 7-2-42所示。

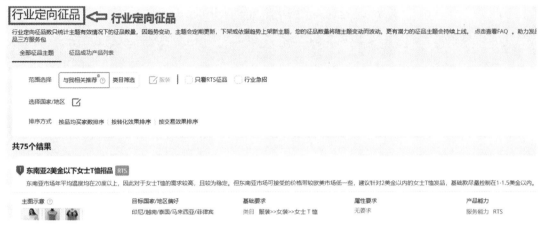

图 7-2-42 行业定向征品

5. 行业报告

行业报告提供阿里巴巴平台下各产品的相关行业报告、行业简报、行业专属报告以及选品建议。可以分类搜索查找,也可以通过页面右侧搜索最新上架和最热发布报告,如图7-2-43 所示。

图 7-2-43 行业报告

6. 征税查询

通过 HScode 前 6 位或美国清关编码前 8 位查询产品是否落入美国 301 征税清单,如图7-2-44 所示。

图 7-2-44 征税查询

7. 行业市场分析

行业市场分析以阿里巴巴国际站 10 多年所积累的交易数据为基础,提供交易热品交易金额占比分析、交易金额同比飙升品分析、交易金额指数趋势、产品价格区间段分布、关键词搜索热度、同比增长率、搜索点击率三维气泡图等相关数据,为卖家产品转型、海外市场选择、备货计划等提供决策支持,如图 7-2-45 和图 7-2-46 所示。

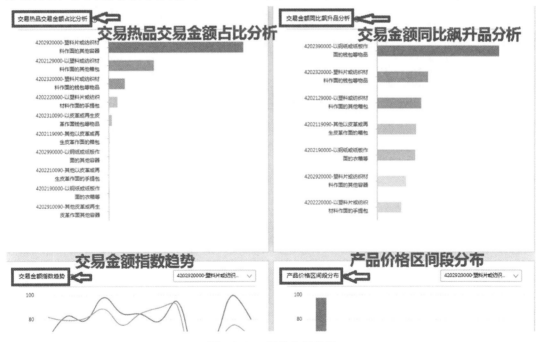

图 7-2-45 行业市场分析

图 7-2-46　气泡图

（五）营销板块

1. 直通车效果

营销中心可以看到直通车开放、竞价、管理、数据分析等所有直通车相关信息,数据参谋营销板块的直通车效果主要包括推荐推广(搜索人群再营销、行业高价值人群)、常规营销(定向推广、关键词推广、快速引流)、货品营销(新品成长、测品测款、爆品助推)、库存清仓、买家引流(趋势明星、优选人群引流、新买家引流)、定制营销等相关数据分析,如图 7-2-47 和图 7-2-48 所示。

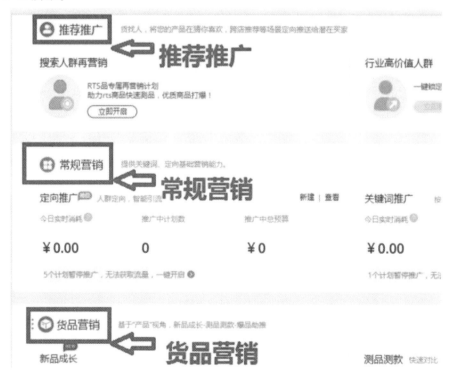

图 7-2-47　直通车效果首页

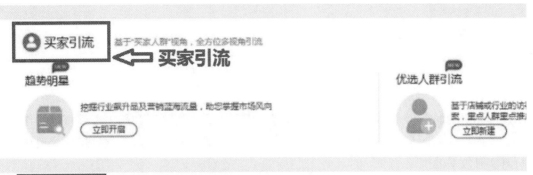

图 7-2-48　直通车效果首页

2. 橱窗效果

营销中心可以看到橱窗开通、添加、移除、替换、排序管理、数据分析等所有橱窗产品相关信息,数据参谋营销板块的橱窗效果主要包括橱窗产品效果概览和产品分析两个板块。

橱窗产品效果概览展示全店橱窗搜索曝光、点击、询盘、订单数、买家数等相关数据及对应数据在总店铺相关数据里的占比,同时会展示过去 3 个月总体趋势变化,如图 7-2- 49 所示。

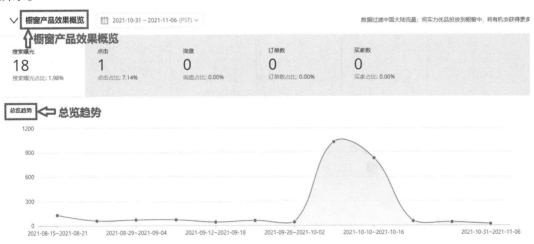

图 7-2-49　橱窗产品效果概览

橱窗效果产品板块主要针对服务中的橱窗产品的展示效果,包括产品成长分、曝光量、点击量、询盘、订单数等,可以查看过去 90 天效果趋势。同时,产品板块还可以针对具体产品进行橱窗卖点设置、橱窗产品优化排序等相关操作,如图 7-2-50 所示。

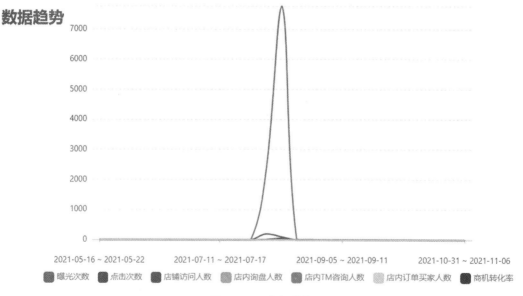

图 7-2-50　橱窗产品效果分析

3. True View 视频

实际观看的视频效果在媒体中心里面可以看到更详细的数据和相关视频直播操作管理的相关内容。数据参谋里面的视频效果主要从数据趋势、内容详情、粉丝数据 3 个板块来分析真实有效果的视频。

（1）数据趋势

数据趋势展示主动内容发布数、内容曝光总数、内容点击总数、内容互动数、新增粉丝数和当前视频浏览互动的详细数据,为全店视频效果分析提供数据依据,如图 7-2-51 所示。

2021-05-16~2021-11-06,搜索曝光次数 10186,搜索点击次数 65,店铺访问人数 310,店内询盘人数 0,店内 TM 咨询人数 0,店内订单买家人数 1。

数据趋势

| | 2021-05-16 ~ 2021-05-22 | 2021-07-11 ~ 2021-07-17 | 2021-09-05 ~ 2021-09-11 | 2021-10-31 ~ 2021-11-06 |

■曝光次数　■点击次数　■店铺访问人数　■店内询盘人数　■店内 TM 咨询人数　■店内订单买家人数　■商机转化率

图 7-2-51　数据趋势

（2）内容详情

内容详情详细展示了每个发布视频的曝光次数、曝光人数、点击次数、点击人数、互动次数、互动人数、引导进店次数、引导进店人数等数据指标,并可以自主选择显示指标,如图 7-2-52 所示。

图 7-2-52 内容详情

（3）粉丝数据

粉丝数据展示店铺当前累计粉丝数、新增粉丝数、净增粉丝数、7 天活跃粉丝和最近 7 天回访粉丝，如图 7-2-53 所示。

图 7-2-53 粉丝数据

（六）学堂板块

1. 数据学堂

数据学堂是培养数据化运营能力的互动阵地，通过不同层级的商家研发对应的培训课程，帮助商家快速了解数据管家产品功能，理解数据意义，提升数据化运营能力，主要有学院公告、产品介绍、数据化运营课程、指标解释库等内容，如图 7-2-54 所示。

2. 数据字典

数据字典是阿里云为卖家提供的数据智能分析产品，针对物联网数据特点，提供海量数据的存储备份、资产管理、报表分析和数据服务等能力，卖家可以直接通过关键词搜索想要的数据，从而帮助卖家更容易地挖掘阿里云数据中的价值，如图 7-2-55 所示。

3. 常见问题

常见问题板块展示卖家或平台使用者经常问到的问题，或者更通俗地叫作常见问题解答，也可认为是平台的使用者帮助中心。在利用网站的功能或者服务时往往会遇到一些看似很简单，但不经过说明可能很难搞清楚的问题，有时甚至会因为这些细节问题的影响而失去用户或者造成卖家权益的受损。常见问题板块列出了一些用户常见的问题，是一种在线帮助形式，使用者可在此板块找到一些操作中容易遇到的问题的基本解决方法，如图 7-2-56 所示。

图 7-2-54　数据学堂

 数据字典

请输入 🔍

产品目录：　数据概览　流量　产品　客户　行业　报告

蓝海榜(产品参谋)

统计周期内，选定类目下商品蓝海度排名前50的产品

商机榜(产品参谋)

统计周期内，选定类目下商机量（TM、询盘、订单等综合）排名前50的产品

访客榜(产品参谋)

统计周期内，选定类目下访客量排名前50的产品

地域偏好(产品参谋)

指本店流出访客的国家地域分布，重点看看是否是自己产品的目标国家，重点挽回（对比可使用产品词去关键词指数搜索，

图 7-2-55　数据字典

图 7-2-56　常见问题

（七）智能板块

阿里巴巴国际站智能运营机器人，里面包括智能橱窗、智能产品优化、智能内容营销，其中目前只上线了智能橱窗，智能产品优化显示陆续上线。三者主要功能如下：

1. 智能橱窗

通过 AI 程序自动管理店铺的空闲橱窗，根据店铺买家特征，选择最符合买家需求的产品动态发布，更好地承接店铺流量。

2. 智能产品优化

针对店铺内效果较差的产品，通过智能程序扫描其标题、关键词、详情不合理之处，进行自动优化，改善拼写及与买家需求的适配。

3. 智能内容营销

综合利用产品及图片库资源，自动生成 Feeds 内容，并分别通过站内（移动侧 Feeds 频道）、站外（社交媒体渠道）对外投放，吸引买家。

智能运营首页会展示对应智能橱窗以及后续智能产品优化的现有智能管理数量，以及基本的智能投放所带来的搜索曝光次数、搜索点击次数、询盘人数、TM 咨询人数、订单买家人数等效果，如图 7-2-57 所示。

同时，智能运营页面还会给出智能运营板块和人工运营板块搜索曝光次数、搜索点击次数、询盘人数、TM 咨询人数、订单买家人数的效果对比表格，并给出对应参考产品基本信息及链接，方便使用者进行产品运营管理，如图 7-2-58 所示。

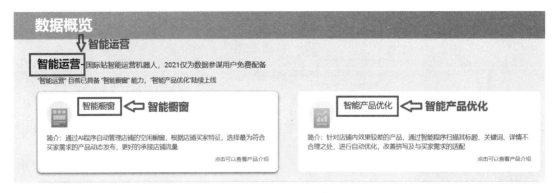

图 7-2-57 智能运营

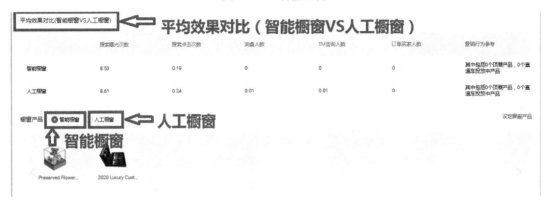

图 7-2-58 智能 VS 人工

【课后练习】

一、单项选择题

1.阿里巴巴数据管家通过哪里可以查看平台所有关键词的数据效果?( )

A.我的效果 B.我的产品

C.我的词 D.我的全球旺铺

2.如果产品供应商要在阿里巴巴国际网站上展示众多不同类别的产品,那就应该对产品进行( )。

A.排序 B.分组 C.筛选 D.择优发布

3.关于营销活动说法正确的是( )。

A.活动中的产品不可以修改 SKU

B.平台活动需要报名,店铺活动可以自主创建

C.活动开始后修改运费模板不生效

D.同一商品无线折扣率须高于全站折扣率

4.下列哪项属于阿里巴巴国际站自带的数据分析工具?( )

A.百度指数 B.数据管家 C.店侦探 D.生意参谋

二、多项选择题

1.哪些搜索作弊行为会影响产品的排名?( )

A. 商品标题关键词乱用　　　　　　　　B. 重复铺货被曝光

C. 商品类目乱放　　　　　　　　　　　D. 商品销量炒作

2. 精准的 SEO 从何而来？（　　　）

A. 用户习惯和特点　　　　　　　　　　B. 本地搜索引擎优化

C. 类目的准确选择　　　　　　　　　　D. 买家市场精准投词

3. 以下哪些情况会出现在产品诊断优化中？（　　　）

A. 语法错误　　　　B. 重复铺货　　　　C. 类目错放　　　　D. 涉及侵权

4. 跨境电商平台客户的日常维护主要包括(　　　)。

A. 建交函　　　　　B. 祝贺信　　　　　C. 节日问候　　　　D. 问候老客户

5. 衡量关键词推广效果的指标包括(　　　)。

A. 曝光量　　　　　B. 点击率　　　　　C. 点击转化率　　　　D. 投入产出比

三、实操练习

在阿里巴巴国际站运营中，如果商品一直处于零效果状态，需要对此商品进行优化或者做删除处理。在实训平台中找出大于 60 天的零效果产品，并且做下架处理。

参考文献

［1］金毓,陈旭华.跨境电商实务［M］.北京:中国商务出版社,2017.

［2］郑建辉,陈江生,陈婷婷.跨境电子商务实务［M］.北京:北京理工大学出版社,2017.

［3］陈江生.跨境电商理论与实务［M］.北京:中国商业出版社,2016.

［4］钟雄,祁雪.跨境电商操作实务［M］.长春:东北师范大学出版社,2018.

［5］速卖通大学.跨境电商美工［M］.北京:电子工业出版社,2016.

［6］淘宝大学达人学院.爆款视频内容打造与传播［M］.北京:电子工业出版社,2017.

［7］聂志新.阿里巴巴实战运营:14招玩转诚信通［M］.北京:企业管理出版社,2017.

［8］宗胜春.高职《跨境电商营销与策划》线上教学设计与实践［J］.营销界,2020（39）:
68-69.

［9］颜志博.高职跨境电商专业教学与课程思政元素融合路径研究［J］.商业经济,2021(5):
191-193.

［10］"跨境电商B2B数据运营"1+X职业技能等级证书配套教材编委会.跨境电商B2B店
铺运营实战［M］.北京:电子工业出版社,2021.

［11］"跨境电商B2B数据运营"1+X职业技能等级证书配套教材编委会.跨境电商视觉设
计与营销［M］.北京:电子工业出版社,2021.

［12］"跨境电商B2B数据运营"1+X职业技能等级证书配套教材编委会.跨境电商B2B店
铺数据运营［M］.北京:电子工业出版社,2021.